Freie Formen für den Sport
Informal shapes to suit every sport

»Splish Splash, we are taking a bath!« – die ganze Wasser spritzende Vergnügtheit dieses leicht abgewandelten Refrains ist zwischen den Umschlagseiten der neuen Ausgabe von AW versammelt. Es geht ums Baden, aber auch ums Schwimmen. Der überwiegende Teil der vorgestellten Bauten hat jedoch nichts mit dem nassen Element zu tun, sondern mit Sport- und Freizeitaktivitäten, die witterungsunabhängig in der Halle stattfinden. Hier zeigen wir echte Sport- und Wettkampfstätten, deren gebieterische Strenge die Sportler veranlasst, sich zu sammeln und zu konzentrieren und die deshalb rein gar nichts mit Vergnügtheit, wohl aber mit Disziplin und Ausdauer zu tun haben. Dies wird besonders bei den neuen schweizerischen Sporthallen in Zug, Buchholz und Losone deutlich. Die Konstruktion steht hier ganz im Dienste der Sache. Große Spannweiten schaffen Bewegungsfreiheit. Verglaste Fassaden und Oberlichter, zusammen mit geeigneten Sonnenschutzmaßnahmen, geben im Idealfall blendfreies Licht. Eine Eingangssituation, von der aus man die ganze Halle überblicken kann, erleichtert Übersicht und Orientierung. Es gibt kein bevorzugtes Baumaterial für die Sporthalle. Stahlbeton, Stahl und brettschichtverleimtes Holz sind die Werkstoffe, aus denen unterschiedliche Tragstrukturen gebildet werden. Die Struktur der Kraftableitung tritt im Hallenbau deutlich in Erscheinung. Bei gerichteten Tragwerken mit Haupt- und Nebenträgern unterscheiden sich die Längs- und die Querseite wesentlich. In ungerichteten Strukturen sind mindestens zwei, im Idealfall gleichwertige, Tragrichtungen vorhanden, die eine gleiche Ausbildung der Fassaden an allen Seiten ermöglichen.

Besonders interessant ist die WM-Halle mit Wellnesszentrum in St. Anton am Arlberg, die hauptsächlich unterirdisch, unter den bis an den Ort heranreichenden Almen angelegt ist. Bergseits treten nur einige wenige Konstruktionsteile zu Tage, die das Almenpanorama kaum beeinträchtigen, während sich das Gebäude talseits mit einer eleganten Glasfassade zeigt. Die Wettkampfhalle im japanischen Odate sprengt das orthogonale Gefüge herkömmlicher Sportstätten. Ein unregelmäßig gekrümmtes Gitterschalentragwerk aus Holz überwölbt diesen eindrucksvollen Bau, der mit seiner gefalteten Außenhülle wie ein überdimensionaler Lampion in den Reisfeldern liegt. Das Tragwerk dieser Halle ist als reichlich bemessene Hüllkurve für parabol- und kreissegmentförmige Ballbewegungen zu verstehen.

Bei den Schwimmbädern zeigen wir einige rechteckig geschnittene Wettkampfstätten, deren ungekräuselter Wasserspiegel nur darauf zu warten scheint, ausgelöst durch einen kurzen Pfiff, von den Schwimmbewegungen der Athletinnen und Athleten in einen brodelnden Kessel verwandelt zu werden. Größeres Gewicht haben aber Spaß- und Erlebnisbäder, bei denen das Becken zu einem Gefäß mit gerundeten und geschwungenen Rändern, mit flachen und tiefen Stellen und bestückt mit Düsen, Spritzen, Duschen und Wasserfällen entwickelt ist. Hier ist nicht mehr die Aufteilung in Bahnen für den Wettkampf entscheidend, sondern das pure Badevergnügen steht im Mittelpunkt. Als habe sich die Architektur davon anstecken lassen, wandelt sich die dämmrige Nüchternheit einer Schwimmhalle in eine lichtdurchflutete Überschwänglichkeit. Selbst die Tragstruktur befreit sich aus dem Zwang der orthogonalen Fügung und spannt, wie bei der Kurtherme in Bad Colberg, in einem scheinbar richtungslosen, biomorph in Erscheinung tretenden ebenen Trägerrost über die Schwimmbecken oder präsentiert sich, wie im Fall der Grünauer Welle in Leipzig, als ein Gefüge lose ineinander greifender, geneigter Flächen. An den Schwimmbädern wird deutlich, dass Sport nicht nur etwas mit der Disziplin und Höchstleistung von Wenigen zu tun hat, sondern auch mit der Freude an der Bewegung von Vielen.

Friedrich Grimm

»*Splish, splash, we are taking a bath!« All the water-slashing delights expressed in this slightly changed refrain are reflected in this new edition of AW. It's all about bathing, but also about swimming. However, the majority of projects presented are not just about water sports. They are designed for sports as well as leisure activities that can take place indoors at any time, irrespective of the weather outside. But carefree recreation apart, these sports and competition complexes breathe an air of austerity, suggesting discipline and perseverance and encouraging athletes to concentrate - characteristics that are much in evidence in the Swiss arenas of Zug, Buchholz and Losonne. Their construction is entirely functional to serve a specific purpose, their wide span to provide plenty of space to move about. Glazed façades and skylights allow daylight to flood the interior, well-suited sun visors prevent glare under ideal conditions. Standing in the spacious foyer, visitors have a view of the entire sports hall allowing them to quickly get their bearings. The design is not dominated by any one material. Instead, reinforced concrete, steel and laminated timbers all make up the various types of structural frameworks. Surveying the elemental structure of a hall one becomes immediately aware of the almost palpable equilibrium of loads and stresses. Longitudinal and transverse elevations are quite different in directional frameworks, which feature main girders and supplementary beams. Non-directional frameworks have at least two loadbearing structures, ideally of equal proportions - an arrangement that allows the façades on all sides to adopt the same composition.*

The Olympic sports hall, health and fitness centre in St Anton, Arlberg, is of particular interest. The predominantly subterranean complex is built into a hillside of mountain meadows on the outskirts of the town. The few structural components visible on the slope have little impact on the impressive panorama of alpine peaks around, whilst the elegantly glazed façade overlooks the valley below. The sports arena in Odate, Japan, confounds the orthogonal layout of traditional sports halls. The impressive building is domed by a latticework shell set on a wooden support structure. Its concertinaed exterior is reminiscent of a huge Japanese paper lantern set amidst rice fields, whilst the open structural framework recalls the part-circular and parabolic trajectories of flying balls.

The range of swimming pools portrayed here includes some rectangular Olympic-standard pools whose unruffled water surfaces are only waiting to be whipped up, at the blow of a whistle, by the forceful movements of competing athletes. Of greater import are the fun and leisure pools with their swerving edges, deep as well as shallow areas, and equipped with jets, showers and waterfalls. Their raison d'être are not the clearly marked out lanes of competitive sport but aquatic fun, pure and simple. As if infected by that spirit, the architectural design of these swimming arenas seems to follow suit: neutral functionality there, bright daylight and exuberance here. The structural framework, too, seems no longer tied to orthogonal ratios. It may consist of a metal mesh of no definitive orientation that spans the entire area across the swimming pool, in this case the thermal pool at Bad Colberg; or it may be made up of a conglomerate of loosely interlinked and variously inclining surfaces, such as the Grünauer Welle in Leipzig. As the wide variety of swimming pools illustrates: sport has to do not only with the discipline and top performance of the few, but also with the freedom of movement enjoyed by the many.

m

Kurtherme in Bad Colberg
Thermal baths in Bad Colberg

Architekten:
Kauffmann Theilig & Partner, Stuttgart

Projektarchitekten:
Manfred Ehrle, Michael Stikel, Lucas Müller, Annette Höftmann, Katrin Stein, Elmar Holtkamp

Fotos: Roland Halbe/artur

Rund 15 Kilometer östlich von Coburg liegt Bad Colberg im Süden Thüringens. Die Erweiterung der ehemaligen Kuranlage umfasst vier Bettenhäuser mit circa 300 Betten, umfangreiche Therapieeinrichtungen und eine Thermenanlage. Auf letztere soll in dieser Dokumentation vorrangig eingegangen werden.

Das Bild der unter die Erde geschobenen Häuser verlängert sich bis in die Therme hinein. Dort wurde jedoch die Grasnabe weggeklappt. Ein großes Glasdach nimmt die Hangneigung auf und legt die zuvor verborgenen Schichten im Tageslicht frei. Elf unterschiedlich große runde Becken mit insgesamt circa 650 m² Wasserfläche wurden kaskadenartig den Hang hinauf gestapelt – es entsteht ein Dialog von Landschaft und Architektur.

Die Therme ist als Stahlbetonmassivbau ausgeführt und wird von einer leichten, äußerst transparenten Stahl-Glas-Konstruktion umgeben. Die Dachkonstruktion ist zweischalig. Gelb bedrucktes Glas filtert und färbt das Tageslicht, leistet Sonnenschutz und fungiert als thermischer Reflektor. Eine zweite Schicht mit beweglichen, teilweise stoffbespannten Glaslamellen schützt vor Sonneneinstrahlung und senkt die Nachhallzeiten des Raumes. Es entsteht eine behagliche Atmosphäre, die an ein frisches Blätterdach denken lässt.

Auch das Tragwerk unterstützt die Impression des freien Himmels und erscheint zwischen den beiden Glasebenen als fünfblättrige Blüten. Bunte, schräg gestellte Stützen stehen wie zufällig im Raum. Die erzielte räumliche Qualität schließt die Besonderheit des Ortes und des Aufenthaltes in dieser Umgebung ein.

Blick in die Schwimmhalle | *View of the glass covered pool*

KURTHERME IN BAD COLBERG

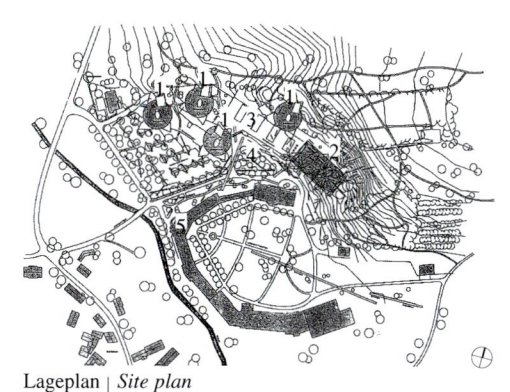

1 Bettenhäuser
2 Therme
3 Therapiebereich
4 Kurplatz
5 Kurhaus

1 Accommodation blocks
2 Thermal pools
3 Therapeutic facilities
4 Spa court
5 Spa social centre

Lageplan | *Site plan*

Lichtdurchwoben | *Flooded with daylight*

The spa town of Bad Colberg in southern Thuringia is located some 15 kilometres east of Coburg. An extension to the original spa complex comprises four accommodation blocks with approximately 300 beds, extensive therapeutic facilities as well as thermal amenities. It is the latter facility that is the focus of this documentation.

The buildings look as if built into the terrain, and this visual impression is carried through right up to the thermal pools. But here the grass cover has been 'folded back'. A large glass roof follows the slope of the terrain, thus revealing to daylight the previously concealed levels. Eleven circular pools totalling some 650 m² of water surface cascade down the hillside, suggesting a dialogue between landscape and architecture.

Structurally the baths are of solid reinforced concrete, surrounded by a steel and glass construction with double-shell roof. Daylight is filtered and coloured by the yellow-tinted glass panels which serve as a thermal reflector. A secondary layer of glass vanes, partly lined with fabric, provides a further shield against direct sunlight and reduces the reverberation time in the hall. The overall effect is one of a pleasantly relaxed atmosphere covered by a roof of foliage.

That impression of being under an open sky is underlined by the loadbearing structure, visible between these two layers of glass and reminiscent of an array of five-leafed blossoms. Multi-coloured, slanting columns look as if planted around the hall in a random fashion. The special quality thus created encompasses everything that is special about this place as well as one's stay therein.

KURTHERME IN BAD COLBERG

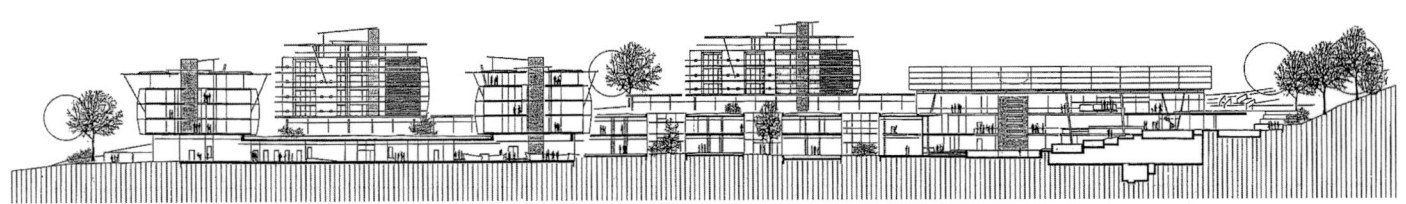

Längsschnitt Kuranlage | *Longitudinal section, health resort central amenities* 1 : 1500

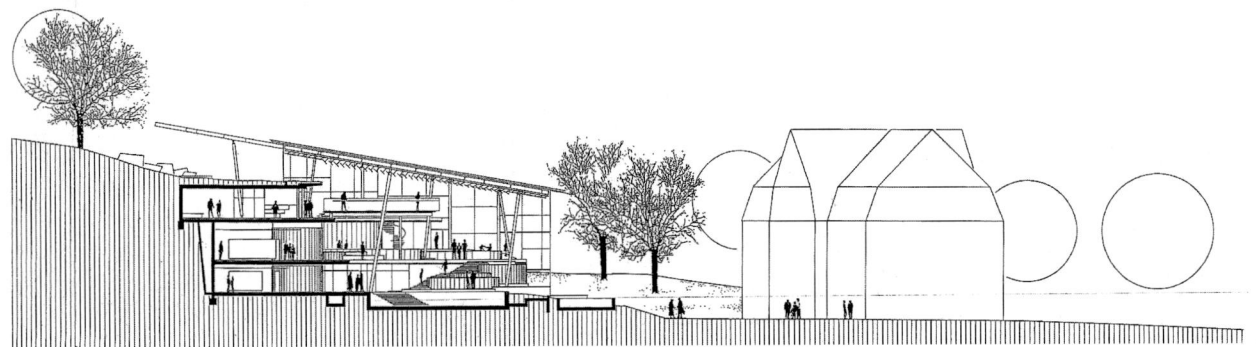

Grundriss Ebene 1 | *Floor plan level 1* 1 : 1500

Querschnitt Schwimmhalle | *Cross section thermal baths* 1 : 750

KURTHERME IN BAD COLBERG

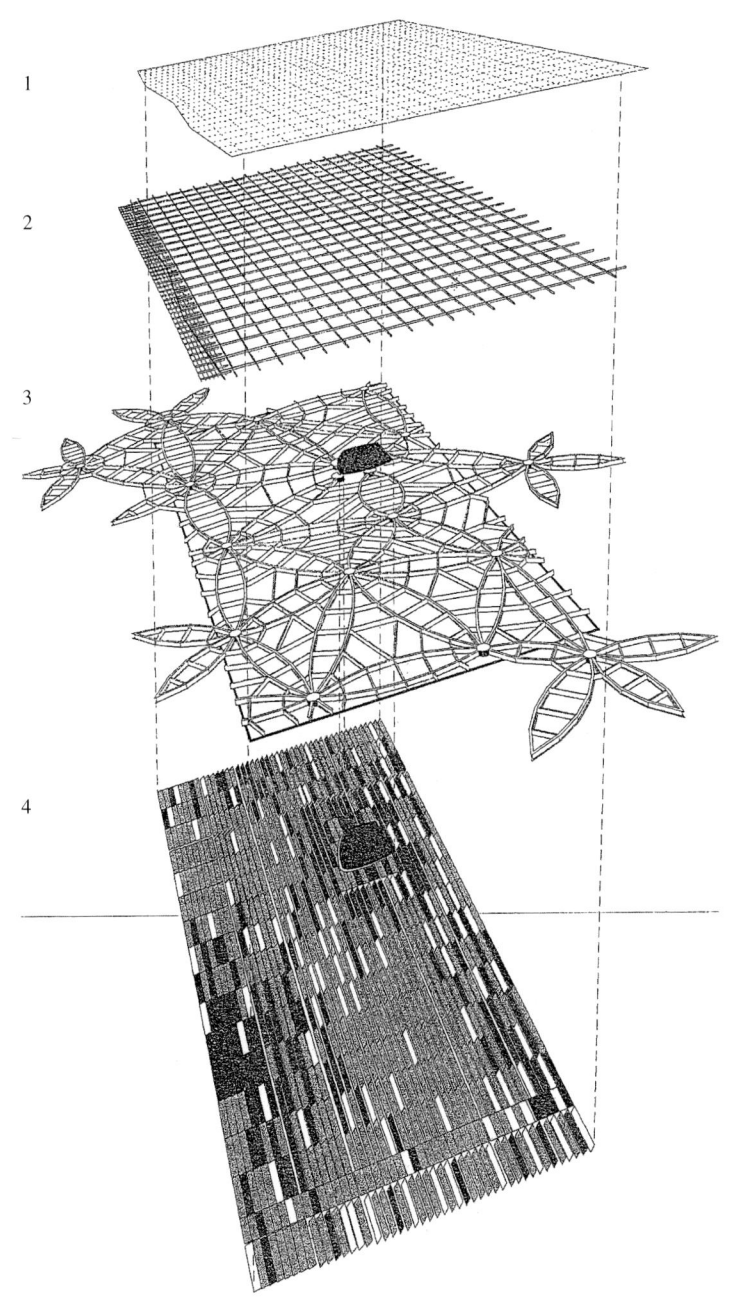

1 Äußeres Glasdach
2 Sprossenrost
3 Trägerrost
4 Untergehängte Glaslamellen

1 External glass roof
2 Wooden grid
3 Loadbearing grid
4 Suspended glass vanes

Die Innenraumwirkung des lichtdurchlässigen Daches mit dem völlig ungerichteten Trägerrost, der die Dachlast auf unregelmäßig angeordnete Stützen verteilt, erfreut nicht nur den Kurgast. Die Richtungslosigkeit des innen- und außenseitig verglasten Hallentragwerks führt zu einer neuartigen Lichtwirkung. Das biomorphe Geflecht der tragenden Rippen erinnert in seiner Filigranität und Transluzenz an einen überdimensionalen Libellenflügel.

It is not only visitors who appreciate the formative effect on the interior of this translucent roof with its non-directional loadbearing structure that shares the load equally between the irregularly positioned columns. Being non-directional, the all-round glazing of the building's loadbearing framework helps create unusual effects of light and shade. Translucent and filigree-like, the biomorphous support structure resembles the wings of a dragonfly.

Schwimmhalle in Fuengirola, Spanien
Swimming pool in Fuengirola, Spain

Architekt:
Luis Machuca Santa-Cruz, Malaga

Fotos:
Duccio Malagamba

Ansicht Eingangsseite | *View of entrance*

Symmetrie der Strukturen | *Symmetry of structures*

Im Rahmen der Neuplanung von Sportstätten in Fuengirola, nahe der spanischen Stadt Malaga, wurde das behindertengerechte Schwimmbad als südlicher Kopf eines Sportkomplexes errichtet. In unmittelbarer Nähe des Gebäudes liegen Marktplatz, Schulen sowie verschiedene touristische Einrichtungen.

Die Höhenentwicklung des dreigeschossigen Bauwerks passt sich den Funktionen im Gebäudeinneren an. Holz, Beton, Lochblech und Glas sind die vorherrschenden Materialien, welche Wärme, Standfestigkeit und Transparenz ausstrahlen.

Das Dach aus Brettschichtholzträgern senkt sich von der Tribüne nach Westen hin ab; so liegt die Traufkante unterhalb einer tangential verlaufenden Hauptstraße. Um die Landschaft trotzdem wahrnehmen zu können, besteht die Fassade aus U-förmigen Glaspaneelen. Die Stahlbetonfassaden im Norden und Süden sind als eigene Struktur zu verstehen und enden auf Höhe der tiefer liegenden Traufkante des gewölbten Daches. Ihre Paneele aus Stahlbeton und Lochblech sind in den Abmessungen identisch.

Die Materialien Stahlbeton und Holz konnten klar voneinander getrennt werden. Ferner lässt die Verwendung von Holz im Deckenbereich den Bau leichter erscheinen. Aus Fertigteilen bestehende Dachträger ermöglichten eine schnelle Montage vor Ort.

Dem Betrachter zeigt sich eine offene, mit dem Boden verhaftete Box, welche mit zunehmender Höhe leichter zu werden scheint. Einem Segel gleich schwebt das Dach über der Halle.

A building programme for new sports centres in Fuengirola not far from the Spanish city of Malaga prompted the construction of this swimming pool with facilities for the disabled, which is located at the southern main entrance to a sports and leisure complex. Close by are the market square, schools and various tourist facilities.

The organisation of this three-storey structure takes its lead from the various functions inside. Wood, concrete, perforated sheet metal and glass are the predominant materials, suggesting warmth, stability and transparency.

The roof is of laminated timber construction, inclining from the stands downwards in westerly direction where the eaves are lower than the level of a main road running tangentially alongside. As if to acknowledge the surroundings nevertheless, the façade is composed of U-shaped glass panels. Identically dimensioned panels of steel reinforced concrete and perforated sheet metal make up the façades north and south. Those are to be understood as idiosyncratic structures in their own right and extend up to the low lying eaves of the vaulted roof.

Reinforced concrete and wood are clearly kept apart and retain their individual material quality. Furthermore, the use of wood for the visible roof structure lends the building a certain lightness. The use of prefabricated roof trusses saved time during assembly on site.

The overall impression is one of a box resting firmly to the ground but appearing lighter with increasing height. Looking rather like a sail, the roof appears to hover above the hall.

SCHWIMMHALLE IN FUENGIROLA

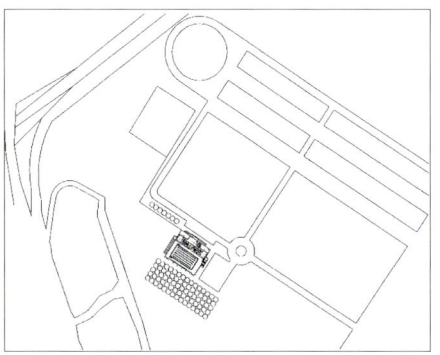

Lageplan | *Site plan*

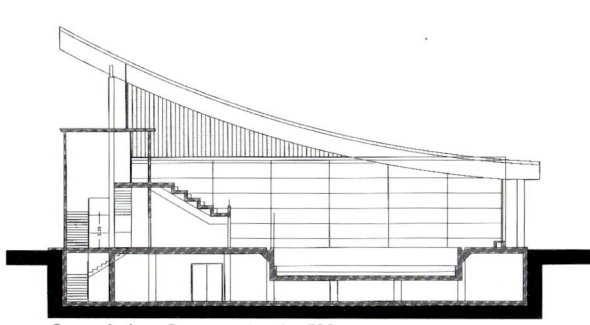

Querschnitt | *Cross section* 1 : 500

154 Tribünenplätze über Eingang und Umkleide | *154 seats above entrance and changingrooms*

1 Umkleide Herren
2 Dusche Herren
3 WC Herren
4 Bademeister
5 Boutique
6 Lager
7 WC Damen
8 Dusche Damen
9 Umkleide Damen
10 Eingangshalle

1 Men's changing room
2 Men's showers
3 Men's toilet
4 Pool attendent
5 Boutique
6 Storage
7 Ladies' toilet
8 Ladies' showers
9 Ladies' changing room
10 Entrance hall

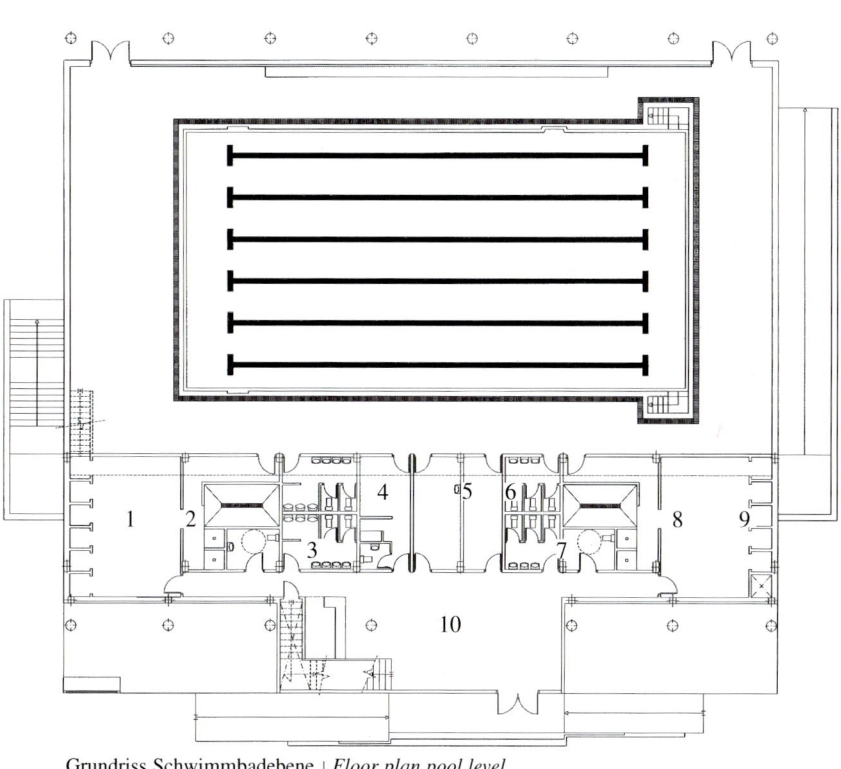

Grundriss Schwimmbadebene | *Floor plan pool level*

Spielsporthalle mit Werkhof in Magglingen, Schweiz

Sports and games hall and associated workshops in Magglingen, Switzerland

Architekten:
Bauzeit Architekten, Biel

Mitarbeit:
Yves Baumann, Roberto Pascual, Carole Giraudi, Valerie Klötzli

Fotos:
Yves André

Ansicht von Osten | *East side view*

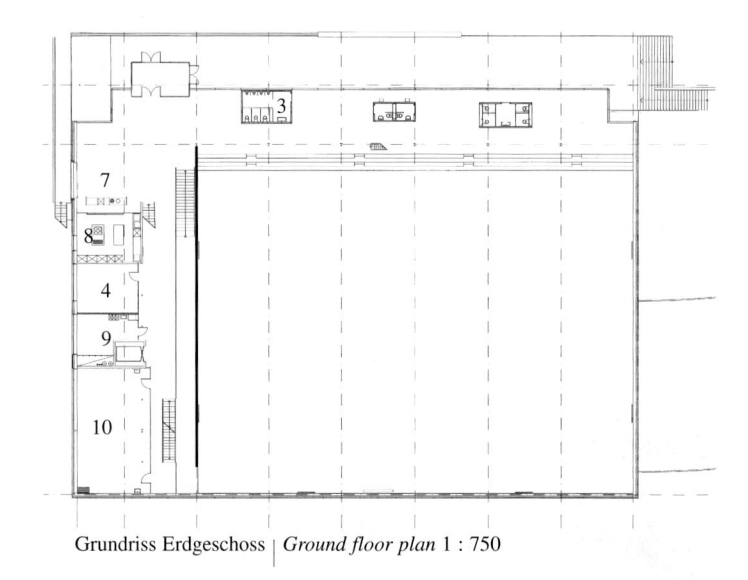

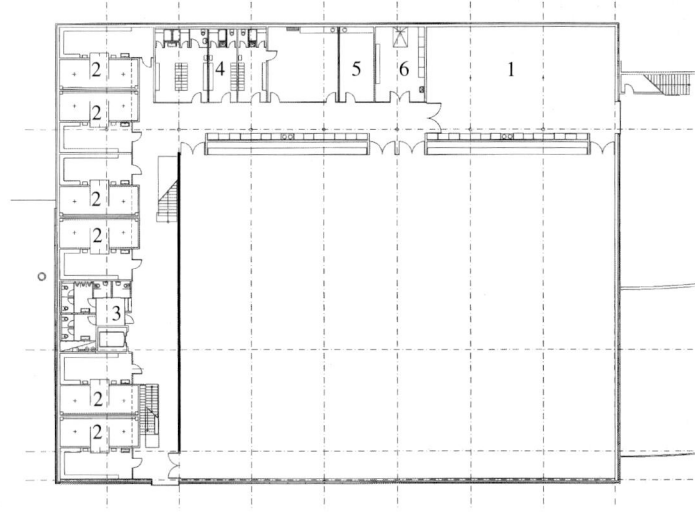

Grundriss Erdgeschoss | *Ground floor plan* 1 : 750

Grundriss 1. Untergeschoss | *Floor plan 1st basement* 1 : 750

1 Geräteraum	*1 Equipment storage*
2 Umkleide	*2 Changing room*
3 Toiletten	*3 Toilets*
4 Trainer/Schiedsrichter	*4 Coach/Umpire*
5 Massage/Besprechung	*5 Massage/Conference*
6 Putzraum	*6 Cleaning room*
7 Foyer	*7 Entrance hall*
8 Büro	*8 Office*
9 Hausmeister	*9 Caretaker*
10 Theorieraum	*10 Theory room*
11 Werkhof	*11 Workshop*

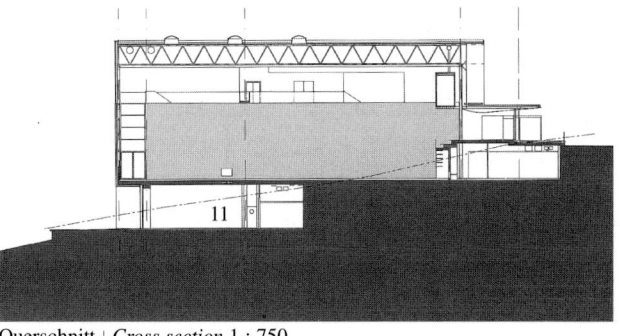

Querschnitt | *Cross section* 1 : 750

SPIELSPORTHALLE MIT WERKHOF IN MAGGLINGEN

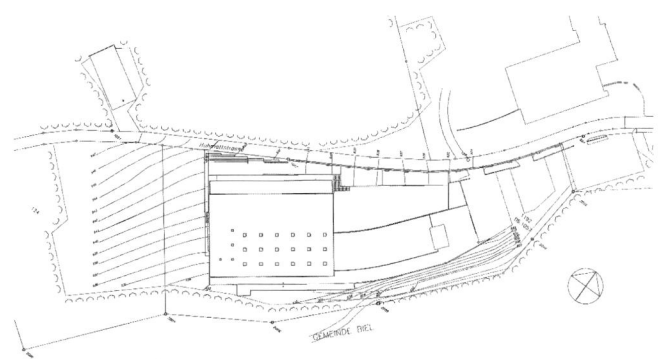

Lageplan | *Site plan*

Eine imposante Kiste aus Stahl und Glas, überrascht im Inneren mit einem warmen Erscheinungsbild, einer Mischung aus natürlichem und künstlichem Licht und Holz. In schwindelnder Höhe schwebt die gläserne Richterbox nicht nur über den Dingen des Sports.

An impressive box of steel and glass from the outside, its interior is surprisingly warm in appearance with its mix of natural and artificial light, and wood. Aloof of everything else, not just of the sporting events, is the fully glazed adjudicators' box.

Blickbeziehungen entlang einer Promenade im Norden | *Vistas from a north promenade*

Als Siegerobjekt aus einem Wettbewerb im Jahre 1995 hervorgegangen, liegt dieser Sportkomplex in einer Waldlichtung der Eidgenössischen Sportschule Magglingen bei Biel. Er ist für den Ballsport und für die Aufnahme verschiedener Betriebswerkstätten in einem Werkhof konzipiert.

Die Waldlichtung in Hanglage bildet den Rahmen für den starken Ausdruck des kubischen Baukörpers. Er wird vom Hauptzugang her als einfaches und fein gezeichnetes Volumen wahrgenommen. Der Hallenboden wurde aus dem Terrain empor gehoben, so dass unterhalb Räumlichkeiten für den Werkhof entstehen konnten.

Der Besucher betritt die Halle an ihrer verglasten Nordseite über eine großzügige stufenlose Promenade und wird direkt zu den Sitzreihen geführt. Die an der Südwestseite liegenden Nebenräume sind durch eine Stahlbetonwand vom Hallenfeld getrennt. Für die Belichtung des Innenraumes wurde ein Konzept zur Nutzung und homogenen Verteilung des Tageslichts entwickelt. So wird zum Beispiel das Licht aus den Oberlichtern durch eine Lamellendecke in den Halleninnenraum gestreut.

This sports complex is the result of a prize-winning design from a 1995 competition. Located in a clearing in the grounds of the Swiss confederate sports academy Magglingen near Biel, it is intended for ball games and to provide accommodation for various associated workshops.

The hillside clearing forms the backdrop to this robustly featured cube. Viewed from the main approach it looks like a plain, finely structured building. The floor has been lifted out of the surrounding terrain to make room for the workshops underneath.

The visitor enters the hall from a spatious, level promenade along the fully glazed north elevation and is guided straight to the spectators' terraces. Ancillary rooms are arranged on the southwest side, separated from the hall by a reinforced concrete wall. A cleverly contrived scheme ensures that daylight is distributed uniformly to illuminate the interior. A vaned suspended ceiling, for example, serves to diffuse the light that floods in through the skylights.

Frederik IX-Sporthalle in Kopenhagen
Sports hall Frederik IX in Copenhagen

Architekten:
BBP Architekten, Kopenhagen
Peter Mortensen, Torben Bregenhøj, Eva Jarl Hansen, Bjørn Vandborg
Mitarbeit: S. Sørensen, L. O. Jacobsen, H. Hansen, G. Hansen, A. Kongslev, B. Mylin, O. Krarup-Hansen, L. Harup
Fotos: Torben Eskerod

Die neue Frederik IX-Halle in Kopenhagen soll dem gesteigerten Bedarf an Hallensport und an flexiblen Räumlichkeiten für die Forschungsaktivitäten des neuen Sportinstituts der Universität gerecht werden. Sie befindet sich direkt auf dem Institutsgelände.

Die Architektur des Gebäudes stellt eine Zusammenstellung von drei geometrischen Figuren dar: Ein kreisrunder zentraler Raum für die sportlichen Aktivitäten liegt über einer niedrigeren quadratischen Gebäudebasis, die Eingang, Unterrichtsnischen und Stauräume aufnimmt. Diese beiden Gebäudeabschnitte werden wiederum von einem hohen Rechteck durchstoßen, welches Lauf- und Sprungzonen enthält. Alle drei Gebäudeteile haben helle, in einem warmen, grauen Farbton verputzte Oberflächen.

Eine kreisrunde, teils offene Sprossenwand trennt im Inneren als zartes Gitterwerk gleich einem Paravent die zentrale Sportfläche von den Zonen für den theoretischen Unterricht. In den beiden Treppenräumen wird die Sprossenwand in das Untergeschoss weiter geführt. Über Lichthöfe, Oberlichtbänder und Fenster dringt Tageslicht von allen Seiten in das Gebäudevolumen vor.

Klare Formen und weiß getönte Oberflächen schaffen eine aufgeräumte Atmosphäre, die zu sportlichen Aktivitäten einlädt. Fließende Raumübergänge, elegante Erschließungselemente und feine Details bieten hierfür eine milde, moderierte Umgebung. Sonnen- und Blendschutz werden hier durch Vorhänge sichergestellt – eine Lösung, die in skandinavischen Ländern funktioniert.

The new Frederic IX Centre is intended to meet the rising demands for indoor sports as well as for venues to accommodate the research activities of the newly founded university institute of physical education. The building is located on the institute's campus.

Architecturally the building is a conglomerate of three geometrical shapes: a central circular area for sports activities sits on top of a lower square basement comprising entrance hall, niches for teaching and training, and storage facilities. Both these volumes are intersected by a tall rectangular structure that accommodates facilities for sprinting as well as for long and high jump. All three volumes are uniformly rendered in warm-coloured pale grey.

Inside, a circular and partly open grid wall separates, rather like a fine mesh or delicate screen, the central sports arena from areas reserved for theoretical teaching activities. The grid wall also lines the two stair cases where it extends down to the basement. Light wells, skylight strips and windows allow daylight to flood into the building from all sides. Distinct shapes and off-white surfaces create a disciplined ambience for sporting activities.

Open spaces without definitive boundaries, elegantly featured entrances and delicate details all contribute to shape these agreeable, well-tempered surroundings. Curtains keep out direct sunlight and protect from glare, a feature that works well in Scandinavian countries.

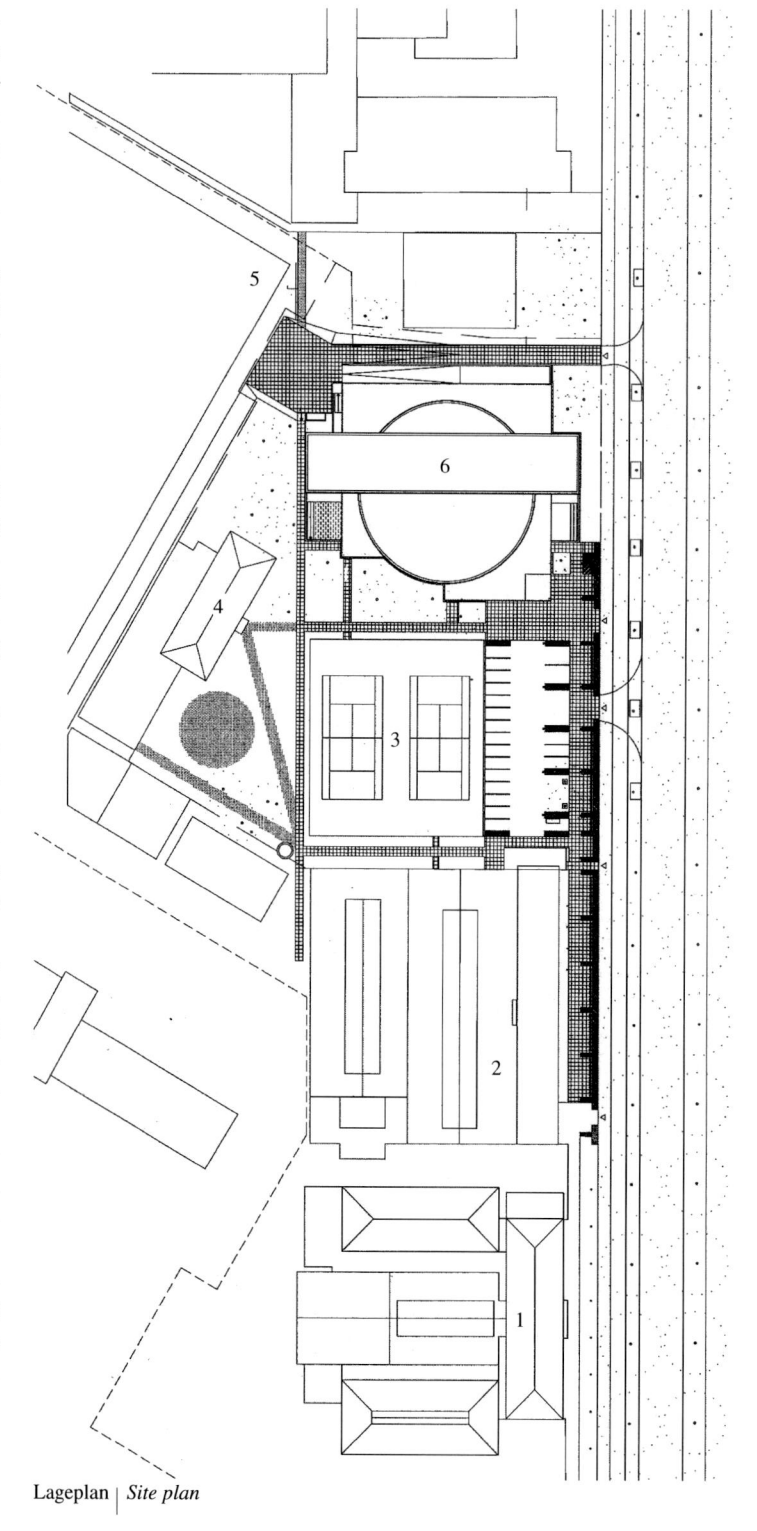

Lageplan | Site plan

FREDERIK IX-SPORTHALLE IN KOPENHAGEN

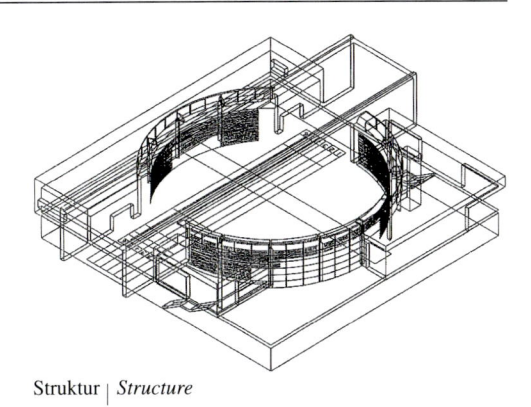

Struktur | *Structure*

Spiegelung und Durchblick | *Reflection and view through the building*

1 Hauptgebäude des Sportinstituts
2 Otto Mønsted Halle
3 Tennisplätze
4 AB-Klubhaus
5 Sportplatz
6 Frederik IX Halle

1 Main building sports institute
2 Otto Mønsted Hall
3 Tennis courts
4 AB-club-building
5 Game courts
6 Frederik IX hall

FREDERIK IX-SPORTHALLE IN KOPENHAGEN

Fließende Raumübergänge, elegante Erschließungselemente und feine Details formen eine milde, moderierte Umgebung. Die gediegene, ja behagliche Atmosphäre lässt keinen Gedanken an agressive Konkurrenten und Brutalität gegenüber der eigenen Physis aufkommen.

Fluid boundaries and open spaces, elegantly fashioned doorways, and fine details combine to create a pleasant, modest ambience. The agreeable, even cosy atmosphere obviates any notion of aggressiveness among competitors or abuse of one's own body.

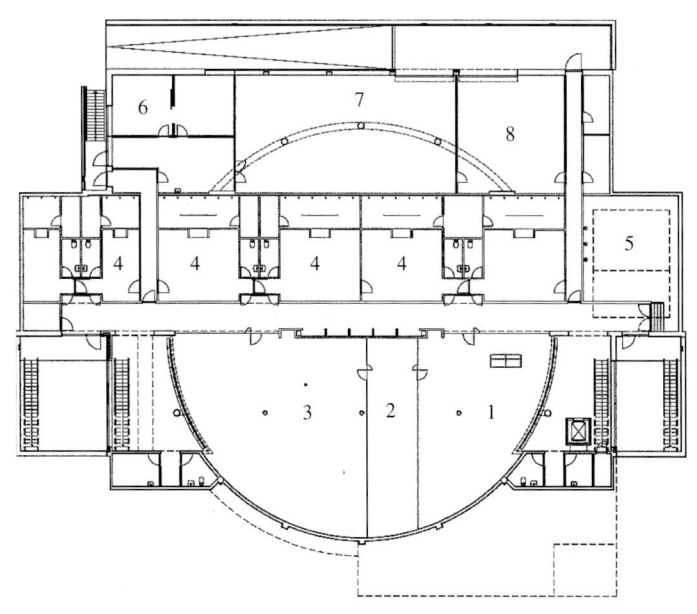

1 Forschung	1 Eingang
2 Computerraum	2 Lounge
3 Übungsraum	3 Innenhof
4 Umkleiden	4 Unterrichtsraum
5 Gebäudetechnik	5 Stauraum
6 Werkstatt	6 Aktionsfläche
7 Unterbringung Kanus und Kajaks	7 Hochsprungmatte und Kletterwand
8 Garage	8 Bewegliche Matten
1 Research	1 Entrance
2 Computer room	2 Lounge
3 Exercise room	3 Courtyard
4 Changing rooms	4 Teaching room
5 Technical services	5 Storage
6 Workshop	6 Activity room
7 Canoe-kajak storage	7 High jump mat and climbing wall
8 Garage	8 Multi purpose mats

Grundriss Untergeschoss | *Floor plan basement 1 : 750*

FREDERIK IX-SPORTHALLE IN KOPENHAGEN

Grundriss Eingangsgeschoss | *Floor plan entrance level* 1 : 750

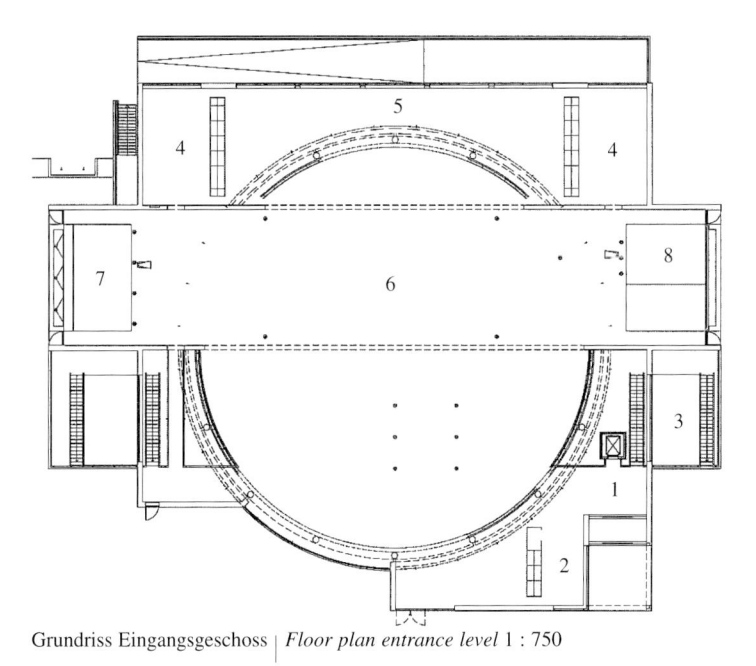

»Durchdringen – Verbinden« könnte das Thema des Entwurfes gelautet haben. So ergeben die Verschneidungen der drei Volumen Kreis, Quadrat und Rechteck spannungsreiche Details sowohl im Innen- wie auch im Außenbereich. Diese klare Formensprache lässt einen harmonischen Gesamteindruck entstehen. Aus sportlicher Sicht eine Kletterwand, in den Augen des Statikers eine tragende Stahlkonstruktion, durchdringen und verbinden die Sprossen Sport- und Nebenbereiche gleichermaßen.

»Permeation and connection«, that might have been the theme of this design. The intersecting volumes based on circle, square and rectangle create exciting details both inside and outside. This overall harmonious building speaks the unequivocal language of geometric shapes. To the gymnast they make up a climbing frame and to the civil engineer they are but a loadbearing steel construction; but here the wall bars appear to permeate and as well as link sports arena and service rooms.

FREDERIK IX-SPORTHALLE IN KOPENHAGEN

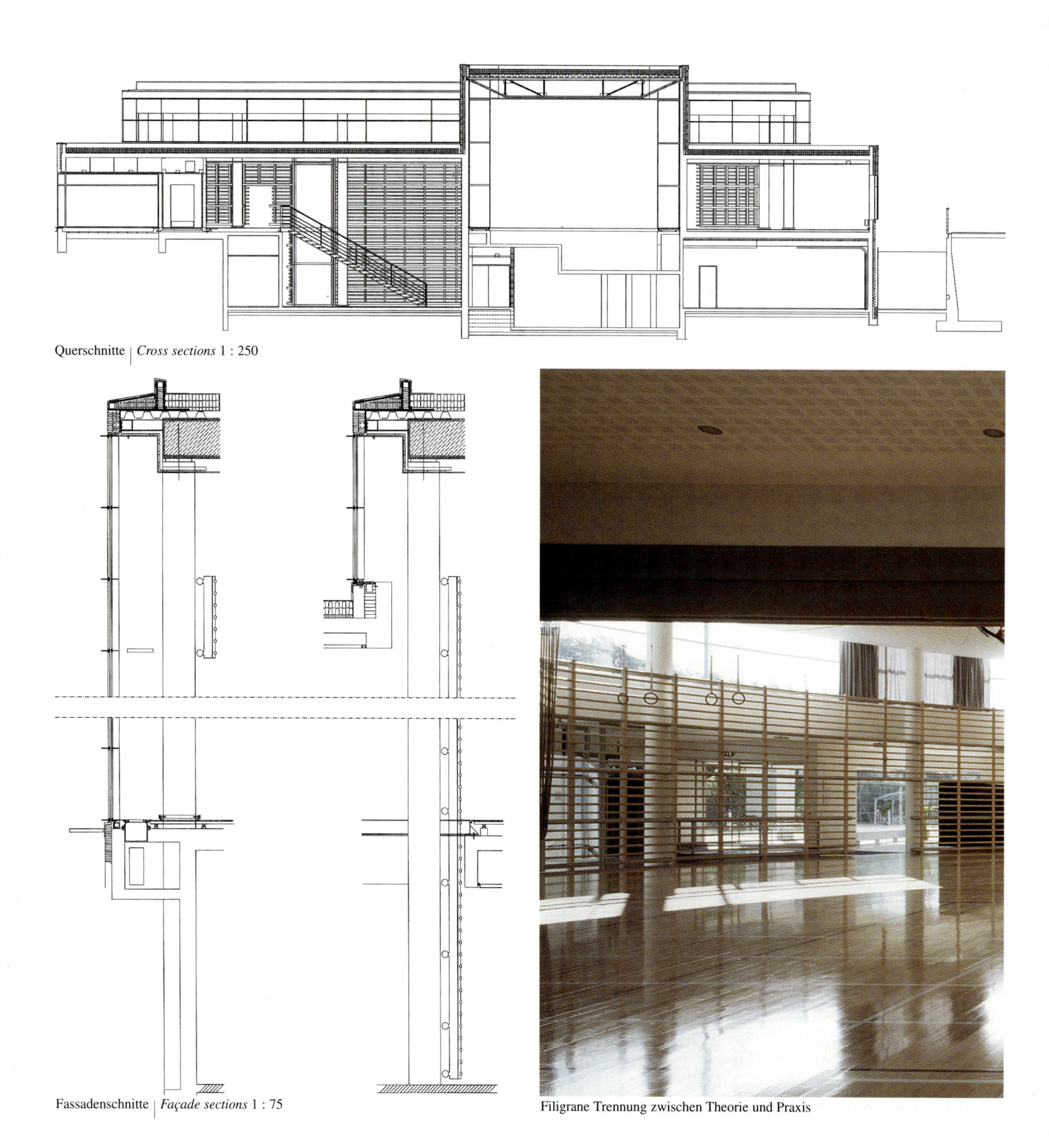

Querschnitte | *Cross sections* 1 : 250

Fassadenschnitte | *Façade sections* 1 : 75

Filigrane Trennung zwischen Theorie und Praxis

FREDERIK IX-SPORTHALLE IN KOPENHAGEN

Filigree-like dividers between theory and practice

Schulsporthalle in Bad Mergentheim-Wachbach
School gymnasium in Bad Mergentheim-Wachbach

Architekten:
Melber + Trautmann, Stuttgart

Projektleitung:
Jutta Trautmann,
Werner Melber

Fotos:
Wolfram Janzer

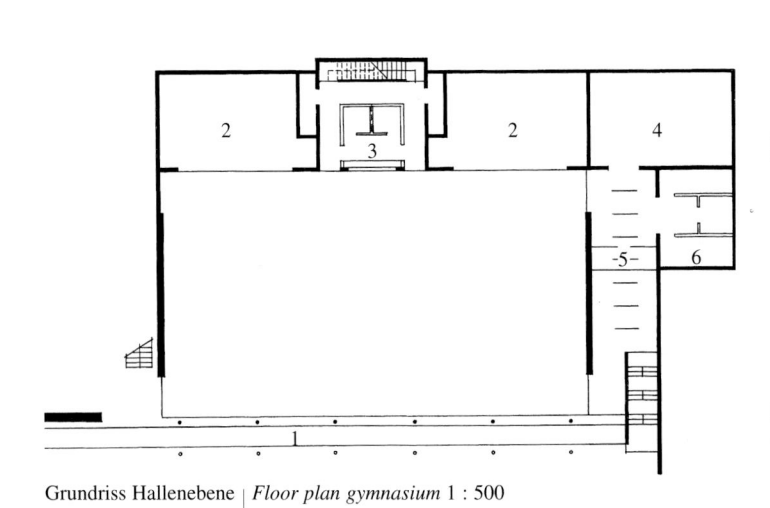

Grundriss Hallenebene | *Floor plan gymnasium* 1 : 500

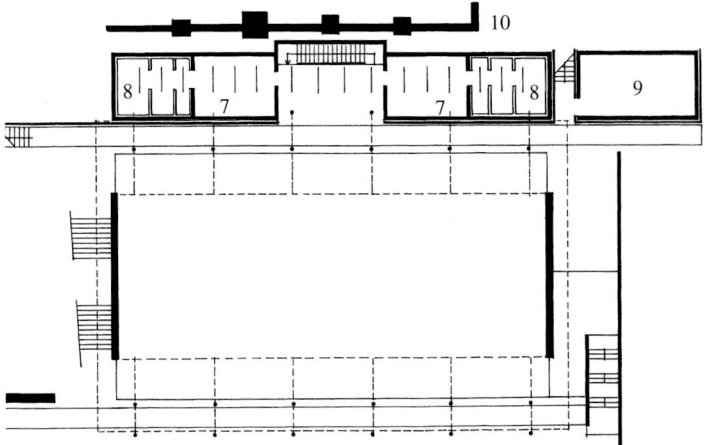

Grundriss Umkleideebene | *Floor plan changing room level* 1 : 500

Von einem steilen Südhang in Wachbach überblicken die SchülerInnen der Grund- und Hauptschule das Taubertal. Dem Wunsch nach einer eigenen Sporthalle konnte mit einem 1993 ausgelobten Wettbewerb begegnet werden. Damit die Vorzüge des bestehenden Schulgebäudes, einem Betonbau der sechziger Jahre, hinsichtlich Belichtung und Ausblick gewahrt bleiben, wurde ein Entwurf mit einem optisch reduzierten Bauvolumen realisiert. Hierbei ließen die Architekten den Stahlbetonkern mit Umkleiden und Nebenräumen unterhalb des Bestandes im Berg verschwinden. So konnte die Halle mit einem 15 x 27 Meter großen Spielfeld als transparenter Kubus davor platziert werden.

Die Dachaufsicht, von den Außenanlagen einsehbar, wird als fünfte Fassade verstanden und durch einen Holzrost strukturiert. Im Außenbereich tritt dies in modifizierter Form in Erscheinung.

Außenstehende Stahlstützen ermöglichen einen konstruktionsfreien Hallenraum. Auf ihnen liegen Waagebalken, welche die Sheddachkonstruktion tragen. Die Balken sind mit Flachstählen abgespannt. Auch die horizontalen Tragprofile verlaufen im Außenbereich und sind in der ballwurfsicheren Glasebene an Seilen abgehängt.

Tagsüber dringt Nordlicht blendfrei durch die Sheds und betont das Dachtragwerk aus HEA- und C-Profilen. Nachts erhellen Langfeldleuchten, die zwischen den Flanschen der Träger verlaufen, den Innenraum der Halle. Lichtbändern gleich strahlen die Sheds bei Dunkelheit und lassen den Sportkubus zum Leuchtkörper werden.

Owing to the school's location on a steep, south facing slope, pupils of this primary and main stream secondary have a splendid view of the Tauber valley below. Following a competition in 1993, their wish for their own sports hall came true. So as not to sacrifice the obvious assets of the existing school - a concrete building dating from the sixties - namely illumination by daylight and panoramic views, it was decided to adopt a design that would optically minimise the new building. The main volume, a block of reinforced concrete construction, was hidden in the hillside below. The gymnasium was placed in front of the existing school as a transparent cube comprising a playing field of 15 x 27 metres.

Looking down onto the roof from the school's various outdoor facilities one takes it for a fifth façade composed of a wooden grid. That feature in echoed, in a modified form, all around the building's exterior.

Exterior steel columns allow the interior to be free of structural elements inside. The columns support balanced beams, braced with flat bars, which in turn carry the roof sheds. Also mainly on the outside are the transverse profiles to support the shatter-proof glass panes designed to withstand impact from flying balls. They are suspended on cables located in between the glass surfaces.

During the day light from the north-facing roof sheds draws attention to the roof construction that is made up of HEA and C profiles. By night, striplights positioned between the flanges of adjoining joists illuminate the interior, whilst outside the lit-up sheds shine in the dark and turn the cube into a sculpture of light.

SCHULSPORTHALLE IN BAD MERGENTHEIM-WACHBACH

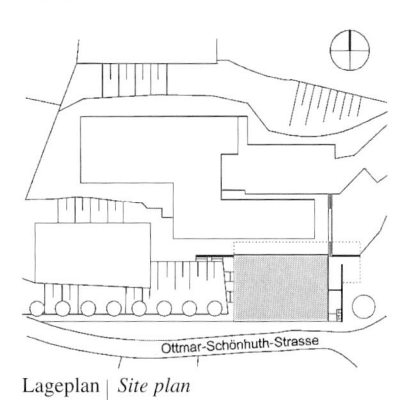

Lageplan | *Site plan*

Der Waagebalken | *Balanced beam*

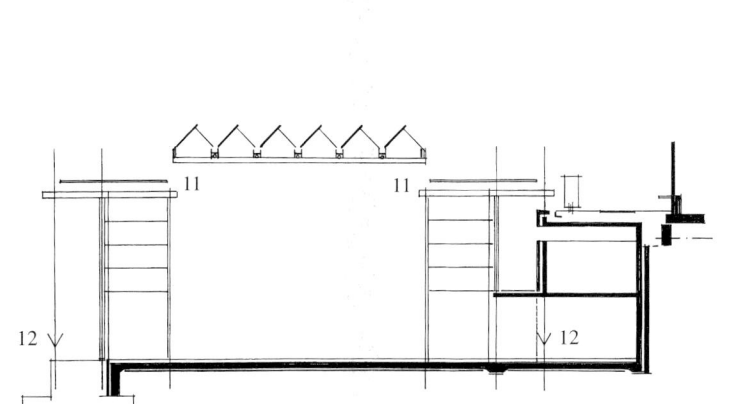

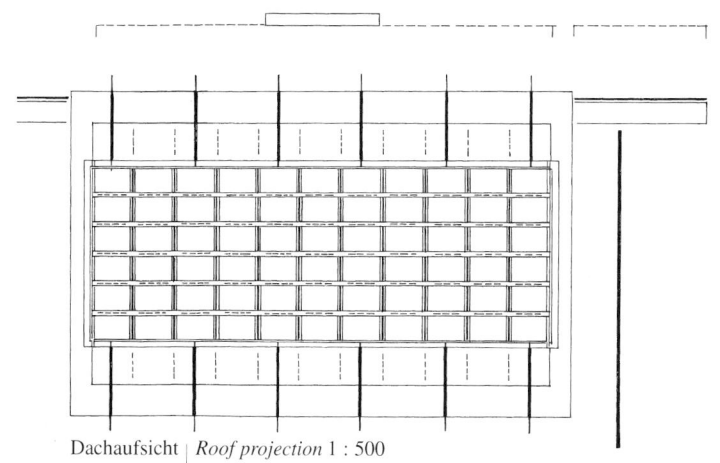

Querschnitt mit Kräfteverlauf | *Cross section, diagram of forces* 1 : 500

Dachaufsicht | *Roof projection* 1 : 500

1 Steg
2 Geräte
3 Regie
4 Magazin
5 Eingang
6 Toiletten
7 Umkleiden
8 Duschen
9 Technik
10 Bestand
11 Druck
12 Zug

1 Profile
2 Sports equipment
3 Admin
4 Storage
5 Entrance
6 Toilets
7 Changing rooms
8 Showers
9 Technical services
10 Existing building
11 Load
12 Tension

Nachts beleuchtet der Kubus die Landschaft | *At night the building lights up the surrounding landscape*

SCHULSPORTHALLE IN BAD MERGENTHEIM-WACHBACH

Bewegung in der Natur bedingt Bewegung im Inneren – so könnte die Prämisse der Architekten für ihren Neubau gelautet haben. Mit diesem Grundgedanken wurde der kindlichen Neugier und ihrem Interesse an der Umgebung Rechnung getragen. Der transparente Kubus der Halle auf Straßenniveau gibt diesen Ideen eine bauliche Form, ohne sie der Landschaft aufzuzwingen. Ausblicke haben meistens auch Einblicke zur Folge, so wird die Sportstunde gleichzeitig zum öffentlichen Ereignis für die Dorfbevölkerung.

Movement indoors echoes movement in nature - that might have been the architects' premise when designing this building. This underlying concept suits the children's inquisitive nature and the interest they take in the world outside. The transparent cuboid hall at street level exemplifies this basic idea, but without intruding upon the landscape. Views from within usually meet with views from outside, and so the sports lesson becomes a public event for the villagers.

Ansicht von Südwesten | *View from the southwest*

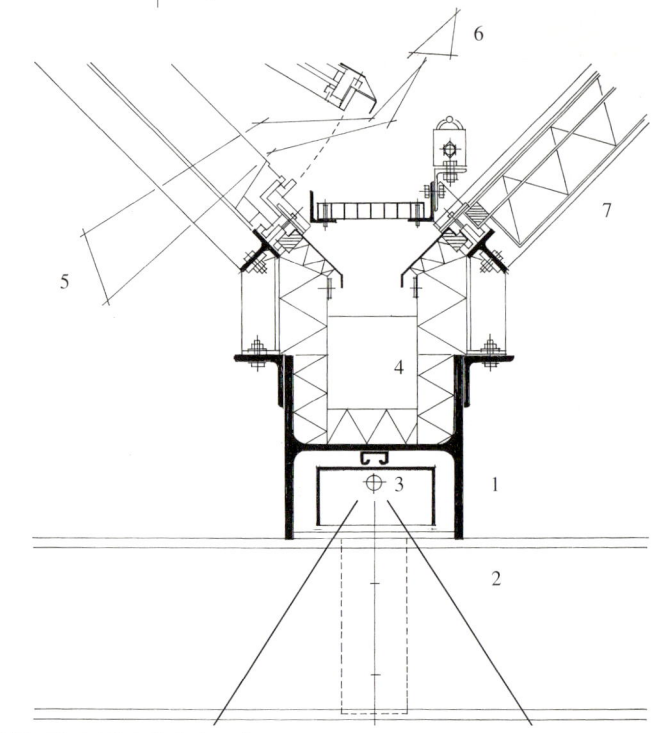

Detail Sheddach | *Detail shed roof*

Licht- und Ballspiele im Inneren | *Playful patterns of light in the games hall*

1 HEA 280 Profil als Rinnenträger	*1 HEA 280 Profil serving as gutter support*
2 2 x C 280 Profil	*2 2 x C 280 joists*
3 Kunstlicht	*3 Lighting*
4 Rinne	*4 Gutter*
5 Nordlicht	*5 North-facing shed*
6 Rauch- und Wärmeabzug	*6 Smoke and heat vent*
7 Reflektierendes Nordlicht	*7 North-facing shed, reflective glazing*

SCHULSPORTHALLE IN BAD MERGENTHEIM-WACHBACH

Nach Norden gerichtete Oberlichter leiten Tageslicht blendfrei in das Halleninnere und sorgen für eine gleichmäßige Ausleuchtung der Halle. Der große Glasanteil in der Fassade lässt die Kinder trotz Sportunterrichts an der Natur teilhaben; vielleicht eine kleine Entschädigung für den fehlenden Sportplatz unter freiem Himmel.

North facing sheds admit daylight, prevent glare and ensure even illumination of the hall. The largely glazed façade allows the children to enjoy glimpses of the nature outside even during their sports lessons - maybe to compensate them for the lack of an open-air sports field.

Unterhalb des Bestandes liegt der Kubus im Hang | *The cuboid building set into the hillside below the old school*

Holzverschalte Stahlbetonwände vermeiden Blendung bei tiefstehender Sonne | *Timber-clad reinforced concrete walls prevent glare when the sun is low*

Schwimmhalle »Grünauer Welle« in Leipzig-Grünau
Swimming pool »Grünauer Welle« in Leipzig-Grünau

Architekten:
Behnisch, Behnisch & Partner, Stuttgart
Professor Günter Behnisch,
Stefan Behnisch,
Günther Schaller
Projektarchitekten:
Andrea Crumbach,
Christine Stroh-Mocek
Mitarbeit: Martin Gremmel, Michael Schuch, Eva Höhle

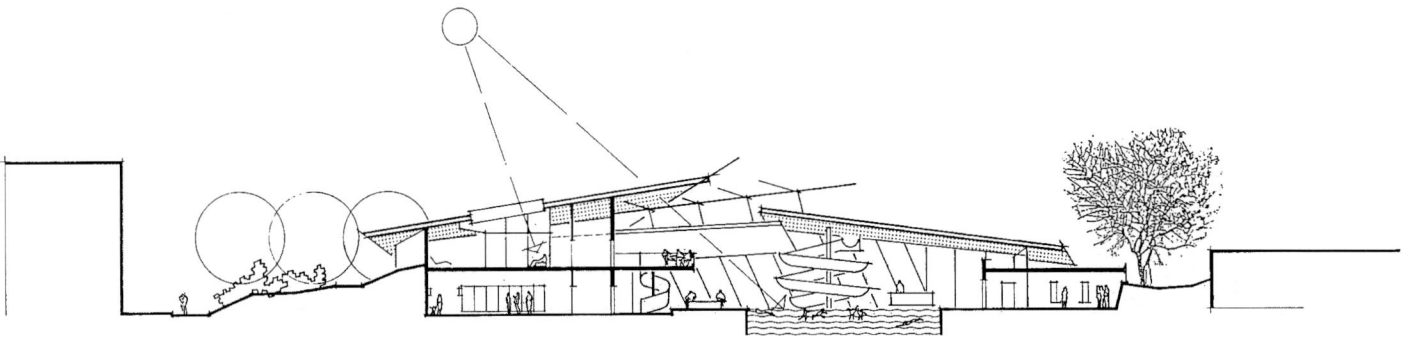

Schnitte | *Sections*

© Martin Schodder

Luftbild | *Aerial view*

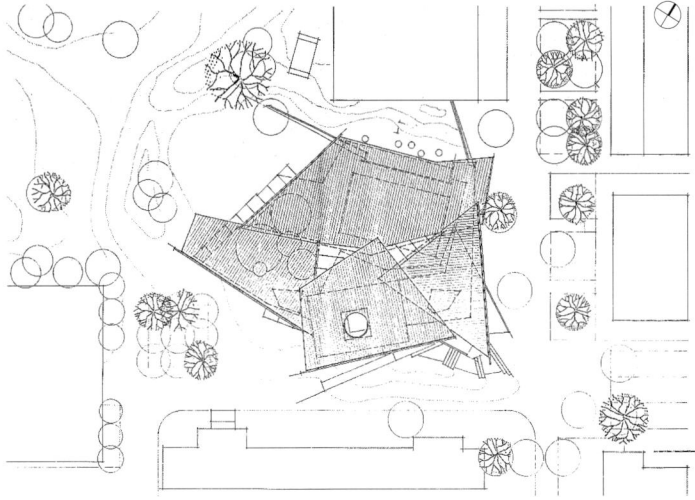

Dachaufsicht | *Roof projection*

Grünau ist mit 80 000 Einwohnern eine typische Plattenbausiedlung der ehemaligen DDR, circa zehn Kilometer vom Zentrum Leipzigs entfernt. Da es über kein eigenes Zentrum mit Kultur-, Sport- und Freizeiteinrichtungen verfügt, sollte nun die »Grünauer Welle« – ein Sport- und Freizeitbad für circa 400 Badegäste – die Lebensqualität Grünaus aufwerten.

Das Gebäude liegt innerhalb eines neu angelegten Parks an einer Fußgängerzone, die zu einem neuen Einkaufszentrum führt. Es ist umgeben von einem Sportplatz und den sehr einfachen Gebäuden einer Turnhalle, einer Schule und eines Jugendclubs. Gegenüber befinden sich ein 16-stöckiges Hochhaus und Wohnblöcke.

Die Schwimmhalle löst sich durch ihre freie Geometrie von der stringenten Ordnung dieser Gebäude. Vier freie Dachflächen liegen eher zufällig über einer »Landschaft« aus Becken, Flächen und Podesten, die sich auf verschiedenen Niveaus entwickelt und sich außen im Park fortsetzt. Die Fassade ist vollständig verglast und der Boden verläuft stufenlos vom Vorplatz bis hin zu den Becken.

Vom Foyer aus werden zwei getrennte Umkleidebereiche erschlossen. Diese umschließen seitlich die Halle und sind teilweise in die Erde eingegraben. Die Wechselumkleiden für die einzelnen Gäste sind eher der Badelandschaft zugeordnet, während sich die Sammelumkleiden für Sportler und Schüler am Sportbecken befinden. Bei Bedarf können Sport- und Freizeitbereich voneinander getrennt werden.

Von der Badelandschaft aus erreicht man über eine Spindeltreppe die Sauna, die sich mit zwei Saunakabinen, Dampfbad, Solarien und Ruhebereich um ein Atrium gruppiert. Auf der Galerie befindet sich ein Cafe. Durch Oberlichter zwischen den Dachschollen gelangt Sonnenlicht auf die Wasserfläche. Gemeinsam mit sonnigen, hellen Farben und Lichtreflexen entsteht eine freundliche, bewegte Atmosphäre.

Die Form der Schwimmhalle hat sich aus ihrer besonderen Umgebung heraus entwickelt. Sie soll sich lösen ohne zu provozieren. Wie Blumen auf einer Wiese »erblüht« das Dach des Bades mit seinen einzelnen Elementen im Inneren und Äußeren und lässt die »Grünauer Welle« zu einem freundlichen, fröhlichen und sonnigen Ort werden.

SCHWIMMHALLE »GRÜNAUER WELLE« IN LEIZPIG-GRÜNAU

Lageplan | *Site plan*

Situated some ten kilometres west of Leipzig city centre, Grünau is a large housing estate of prefab panel construction, typical of the former GDR. But its 80000 inhabitants did not have a community centre of their own with social, cultural, sports and leisure facilities. The »Grünauer Welle« is to change all that. Designed for some 400 leisure and swimming enthusiasts it is intended to enhance the residents' quality of life.

The building is located within a recently established park close to a pedestrian precinct, the gateway to a new shopping centre. Surrounded by a sports field and a number of quite simple buildings, a gymnasium, a school and a youth club, it stands opposite a 16-storey high-riser and some apartment blocks.

The swimming pool with its free-style geometry stands apart from the consistent organisation of those buildings. As if by chance, four irregularly shaped roofs appear scattered on top of a multi-level »landscape« of pools, open spaces and platforms that extends right into the park outside. The façade is fully glazed, the floor rises gradually, without steps, from the forecourt towards the pools.

Two changing facilities, partially set into the ground and flanking the hall on either side, are accessed from the foyer. Individual changing rooms are, on the whole, oriented towards the landscaped pool area, communal changing rooms for sports people and school pupils are located close to the pool itself. The zones intended for either sports or leisure can be partitioned off as required.

Spiral stairs lead up from the landscaped complex to the two saunas, a steam bath, solaria and a rest room, all grouped around an atrium. There is a café on the gallery. Skylights between the various roof surfaces admit sunlight that shines right onto the water surfaces. Reflected sunlight and the »sunny«, light colours all around combine to create a friendly and lively atmosphere.

The shape of the swimming pool derives from its particular environs. It was intended to be different without causing offence. The roof with its separate components inside and out »blossoms« rather like flowers on a meadow and allows the »Grünauer Welle« to blossom into a friendly, cheerful and sunny place

Eingang | *Entrance*

Grundriss | *Floor plan*

SCHWIMMHALLE »GRÜNAUER WELLE« IN LEIPZIG-GRÜNAU

Badespaß pur!
Den Architekten Behnisch, Behnisch & Partner gelingt es, der Tristesse einer Plattensiedlung etwas entgegenzusetzen, das selbst das Motiv der Platte reflektiert, wobei die Platten diesmal in einer neuen Ordnung spielerisch übereinander geschichtet werden. Dass dabei Farbenfunken sprühen, Wasser spritzt und der rechte Winkel kaum noch Bedeutung hat, ist durchaus beabsichtigt und einem Spaßbad angemessen.

Water splashing fun!
The architects Behnisch, Behnisch & Partner succeeded in creating a counter-balance to the somewhat stern-looking panel constructed housing estate by using panels as a distinctive feature. Only, in this case the panels are arranged rather playfully and unevenly overlapping one another. Colours abound, water bounces, and right angles are rendered almost irrelevant – all that is intended, and is just right for a fun pool.

© Martin Schodder

Abtrennbares Wettkampfbecken | *The pool can be partitioned off*

© Christian Kandzia

Kindgerechte Möblierung
Fitting furniture for children

© Christian Kandzia

Stufenloser Fußbodenverlauf vom Beckenrand bis auf den außen liegenden Platz

© Christian Kandzia

Einladung zum trinkbaren Nass | *Invitation to a refreshing drink*

© Christian Kandzia

Trainingsstunde | *Training lesson*

SCHWIMMHALLE »GRÜNAUER WELLE« IN LEIPZIG-GRÜNAU

Ansicht von Westen | *View from the west*

Wegeführung | *Connecting pathways*

Floor without steps between sunken pool and exterior

Selbst die schützende Glashülle befreit sich von den Gesetzen der Schwerkraft und stellt sich »quer«. Ein erhöhter Tageslichteinfall wird durch diese Schräglage ermöglicht. Blickbezüge und somit Kommunikation sind die positiven Effekte der transparenten Fassadenhülle. Eine ständig wechselnde Heiterkeit im Innenraum macht das spielerisch gestaltete Volumen für Besucher und Betracher gleichermaßen erlebbar.

Even the glazed façade defies gravity and insists on being »awkardly« out of true - a feature that allows more light to be admitted. Vistas and internal communication derive from that all-round transparent shell. The ever-changing cheerful interior of this playfully structured space delights and interests visitors, no matter whether they come to take part or simply to watch.

Lichtreflektionen | *Reflection of light*

WM-Halle und Wellness-Zentrum in St. Anton am Arlberg, Österreich

World championship hall with health and fitness centre in St. Anton am Arlberg, Austria

Architekten:
Dietrich/Untertrifaller, Bregenz
Helmut Dietrich, Much Untertrifaller
Projektleitung:
Susanne Gaudl
Mitarbeit:
Cord Erber, Peter Matzalik
Fotos:
Bruno Klomfar

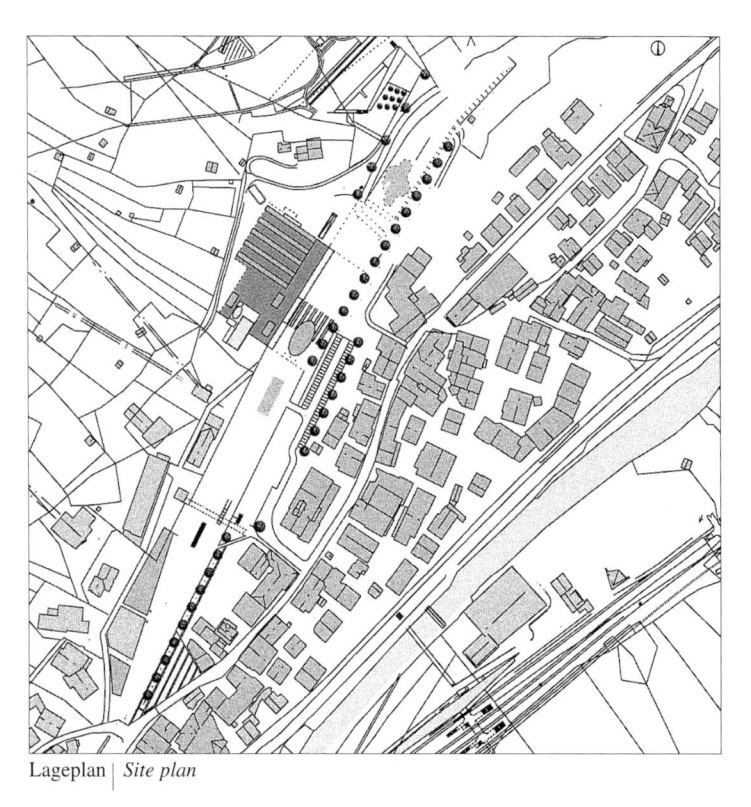

Lageplan | *Site plan*

Blechbeschuppte Dachaufbauten | Roof extensions clad with metal »scales«

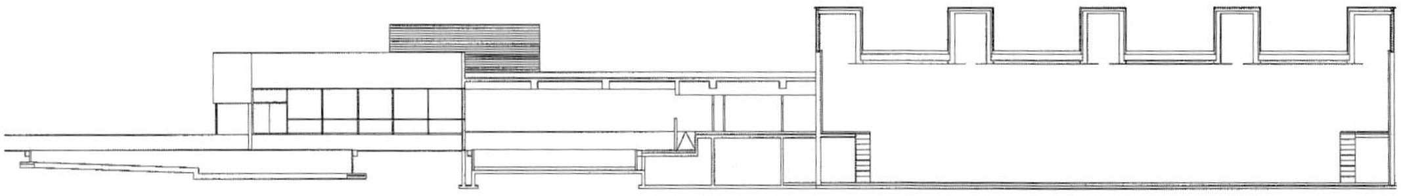

Längsschnitt | *Longitudinal section* 1 : 750

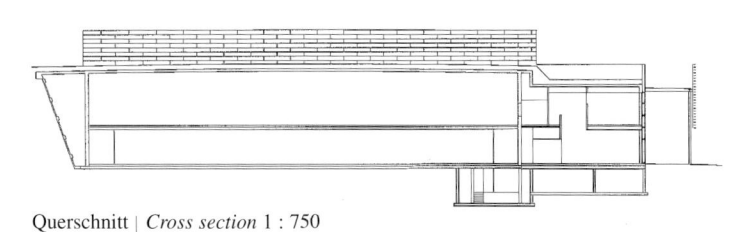

Querschnitt | *Cross section* 1 : 750

Für die Alpine Ski-Weltmeisterschaft 2001 in St. Anton am Arlberg sollte ein adäquates Medienzentrum errichtet werden. Der 1998 prämierte Wettbewerbsentwurf sah vor, statt einer temporären Lösung einen Gebäudekomplex zu errichten, der nach der WM die Infrastruktur St. Antons nachhaltig ergänzen würde. Somit entstand – nachdem die WM im fortgeschrittenen Rohbau durchgeführt worden war – ein multifunktionales Veranstaltungszentrum sowie eine großzügige Bad- und Wellnessanlage mit Gastronomie, das »Arlberg-well.com« Wellness Centre.

Der Entwurf schiebt das großflächige Volumen tief in das ansteigende Gelände hinein, so dass der Auslauf einer nahen Skipiste auf dem verschneiten Gründach endet. Das Gebäude liegt am Hangfuß, der

WM-HALLE UND WELLNESS-ZENTRUM IN ST. ANTON AM ARLBERG

Schnittlinie zwischen natürlicher Topografie und dem künstlich aufgeschütteten Plateau der Liftanlagen. Etwas mehr als die Hälfte der Anlage wird von der großen Halle beansprucht, die – symmetrisch organisiert – in allen Bedarfsfällen eine sichere Führung der Besucherströme garantiert. Das Wellnessbad liegt im Südabschnitt und entwickelt sich dreiseitig um einen in den Gesamtbaukörper eingeschnittenen Hof mit Freischwimmbecken. Die Bereiche Ruhen, Sauna und Restaurant verfügen je über einen »Satelliten« auf dem Dach. Diese treten, mit Lärchenleisten verkleidet, als Quader in Erscheinung und beleben die Dachlandschaft mit einer Schneebar. Ihre typologische Verwandtschaft mit den Heustadeln am ansteigenden Hang ist unverkennbar.

Die Halle weist eine Dimension von 44 x 44 Metern auf, die Höhe beträgt neun Meter. Drei der fünf mit Blech beschuppten prismatischen Dachaufbauten stehen der Technik zur Verfügung, über die beiden äußeren wird die Halle belichtet. Die ausziehbaren Tribünen werden über die Foyergalerie erschlossen und bieten Platz für 1 500 Personen.

Die Bäder liegen im Obergeschoss des südseitigen Bauteils und werden über eine flache Rampe erschlossen, von der aus ein Einblick über die Becken in die Landschaft gegeben ist. Umkleiden, Nebenräume, Sauna und Dampfbadbereich sind als eigenständige Volumen formuliert und bilden mit den Wasserbecken und Liegezonen eine interessante, räumlich stark differenzierte Badelandschaft. Die Gastronomie ist über alle Geschosse verteilt.

Während das Bauwerk vom Berg her als gestalteter Teil der Landschaft erscheint, zeigt es zum Dorf hin ein zeitgenössisch-urbanes Gesicht. Selbst ein langjähriger St. Anton-Fan könnte das bleibende Gebäude womöglich einfach übersehen haben, so sehr unterschieden sich die temporären Zubauten von der zurückhaltend realisierten Kernsubstanz.

A suitable media centre was required for the world championships in skiing, which took place in St. Anton am Arlberg in 2001. The design was the result of a competition. Rather than find a temporary solution it was suggested to build a complex that would supplement St. Anton's infrastructure even after the end of the world championship contests. The result is a multi-purpose centre as well as a spacious swimming, health and fitness centre with restaurant facilities: the »Arlbergwell.com« centre.

The extensive volume is set deep into the sloping terrain so that a near-by skiing piste extends down unto the snow-covered roof with its permanent grass cover. The building is located at the foot of the hill. Just over half of the space is occupied by the large hall. The health-and-fitness centre to the south is built in the form of a horseshoe around an inner court with open-air pool. The different zones for resting, sauna and restaurant each have their own »satellite« on the roof, cuboid structures clad with larchwood slats. They brighten up the grassy landscape of the roof and resemble the familiar haystacks to be found on the slope.

The hall measures 44 x 44 metres. Three of the five prism-shaped roof extensions, all clad with metal »scales«, are reserved for technical installations. The two outside ones serve as light-wells for the hall. The seating can be pulled out as required. It is accessed from the foyer gallery and has room for 1500 people.

Viewed from the hillside, the building looks as if it were part of the landscape, albeit shaped by man. Towards the village, however, it boasts a contemporary, urban appearance. St. Anton fans who have known the village for years might well overlook this permanent part of the complex, reserved and sedate in character and so different from the temporary additional buildings there used to be.

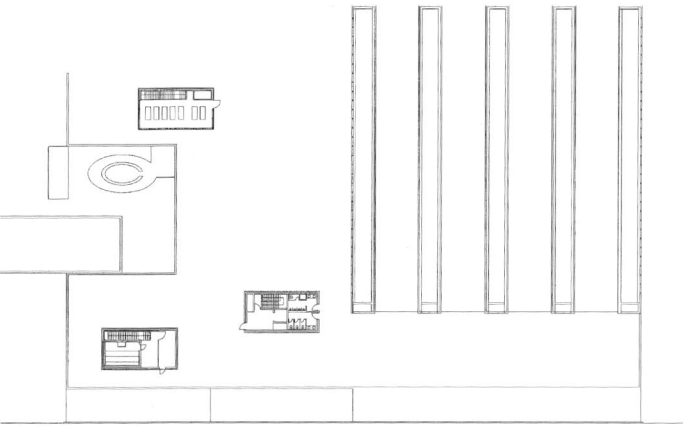

Grundriss 2. Obergeschoss | *2nd floor plan*

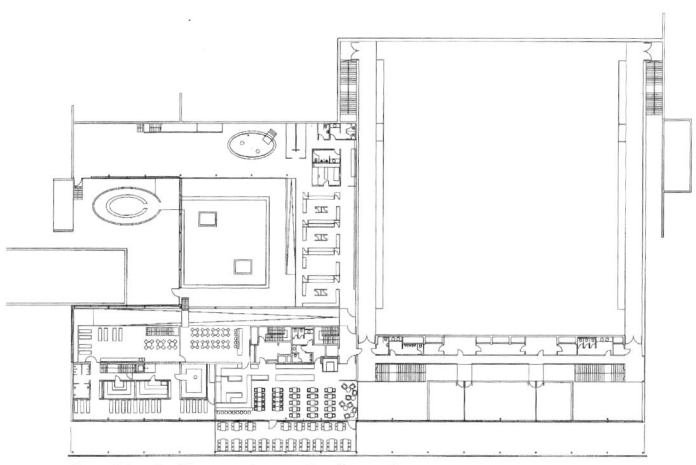

Grundriss 1. Obergeschoss | *1st floor plan*

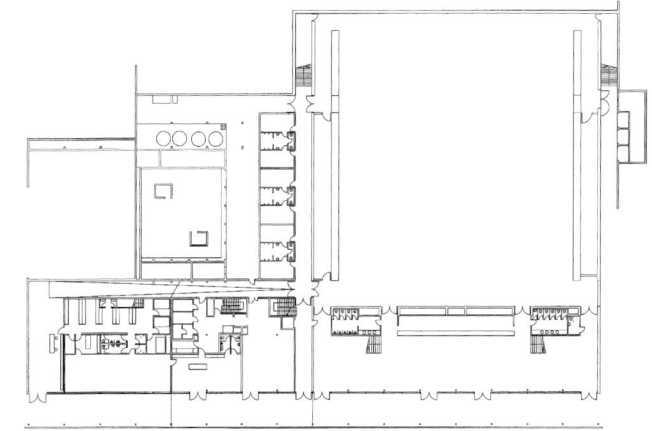

Grundriss Erdgeschoss | *Ground floor plan*

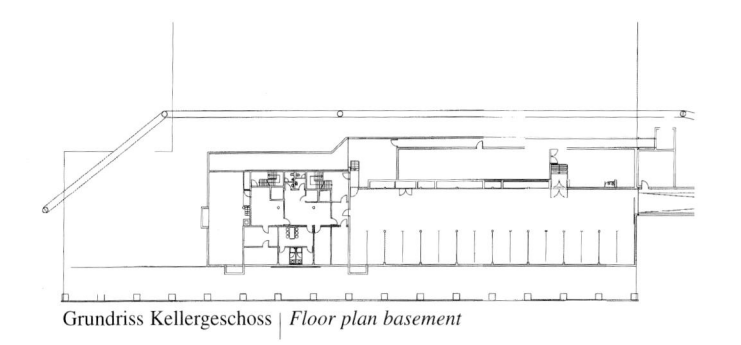

Grundriss Kellergeschoss | *Floor plan basement*

WM-HALLE UND WELLNESS-ZENTRUM IN ST. ANTON AM ARLBERG

»Heustadel« öffnen sich unterhalb der Grasnarbe zum Wellnessbereich
»Haystacks« are part of the health and fitness centre

Die zweigeschossige Glasfassade weist zum Ort hin eine hohe Transparenz auf

Hallenboden aus schwarz gefärbtem Beton | *Black concrete flooring in the hall*

Was von oben betrachtet aussieht wie ein paar zufällig eingestreute Stadel auf der Alm, entpuppt sich bei genauerem Hinsehen als Südtirols heimliches Wirtschaftskapital. Dass auf St. Antons Grasnarbe der Bär los ist, haben wir schon gewusst, dass nun aber auch unter der Grasnarbe der Bär losgelassen wird, ist neu. »Fitness und Wellness with style« könnte ein Markenzeichen St. Antons sein.

What looks like a few haystacks scattered randomly on a mountain meadow turns out to be South Tyrol's secret commercial asset on closer inspection. We always knew that a bear was loose in St. Anton; but that the bear should now hold sway underneath this grassy roof is something new. »Health and fitness with style« - that might be a trademark of St. Anton.

WM-HALLE UND WELLNESS-ZENTRUM IN ST. ANTON AM ARLBERG

Two storeys high, the transparent glass façade looks out onto the village

Galerie noch ohne Geländer | *Gallery, still without parapet*

Die verglaste Westfassade | *The fully glazed west façade*

Sporthalle in Zug, Schweiz
Sports hall in Zug, Switzerland

Architekten:
Bétrix & Consolascio,
Erlenbach
mit Eric Maier
Projektleitung:
Harald Echsle
Mitarbeit:
Nathalie Rossetti
Fotos:
Guido Baselgia

Blick von Südwesten | *View from the southwest*

Große Volumen mit unregelmäßigen Formen und Umrissen bestimmen das Umfeld der neuen Sporthalle am westlichen Stadtrand von Zug. Die Schweizer Architekten haben einen kubischen Solitär mit farblich changierender Hülle in das Gebiet gestellt.

Amethystfarbene Glasprofile, nach innen mit coloriertem Holzwerkstoff und nach außen mit gefärbten Dämmplatten hinterlegt, umschließen die Fassadenelemente. Die Transparenz des Materials Glas dient nicht dem Austausch zwischen innen und außen, sondern lässt den Betrachter über das Innenleben des Körpers bewusst im Unklaren.

Über eine 2,50 Meter breite Brücke gelangt der Besucher in das Zentrum des mysteriösen »Goldkubus«.

Der mit Betonpfeilern umschlossene Innenraum, die Arena, und der kompakte Funktionsbau sind die drei architektonischen Elemente der Halle. Zwei Meter hinter die Fassade zurückgesetzt tragen vorgefertigte Säulen die 54 x 54 Meter große, ungerichtete, räumliche Dachkonstruktion. Diese ist von einem Netz quadratischer Beleuchtungskörper durchzogen.

Einem Puzzle gleich fügen sich Neben- und Trainingsräume in den Tribünenkörper an der Westseite des Sportfeldes. Die Übungsabschnitte im Zwischengeschoss und der darüber liegende Kraftraum öffnen sich zur Hallendecke. Akustisch miteinander verbunden, gehören sie zu einem großen Sportplatz. So entstand eine eigene Welt hinter sich farblich verändernden Fassaden.

SPORTHALLE IN ZUG

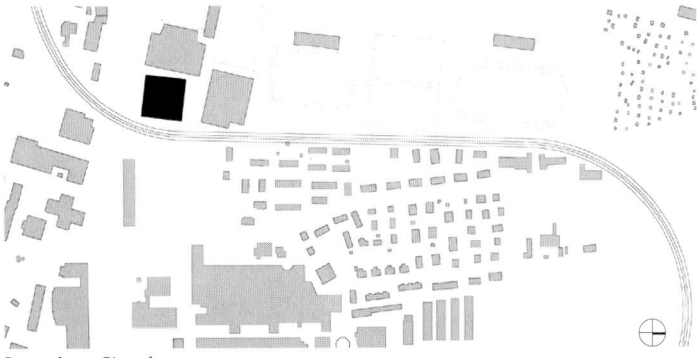

Lageplan | *Site plan*

1 Sportfläche
2 Umkleiden
3 Eingangssteg
4 Trainingsraum
5 Kraftraum

1 Courts
2 Changing rooms
3 Entrance gangway
4 Training room
5 Gym

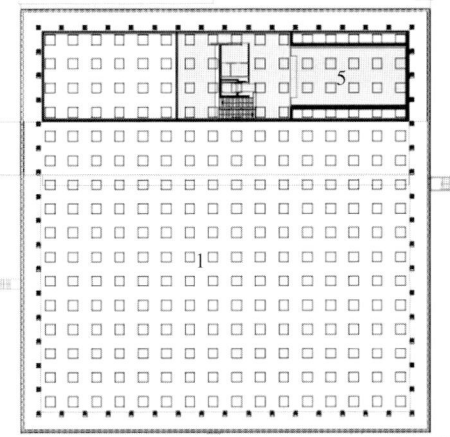

Grundriss Obergeschoss | *Floor plan upper level* 1 : 1000

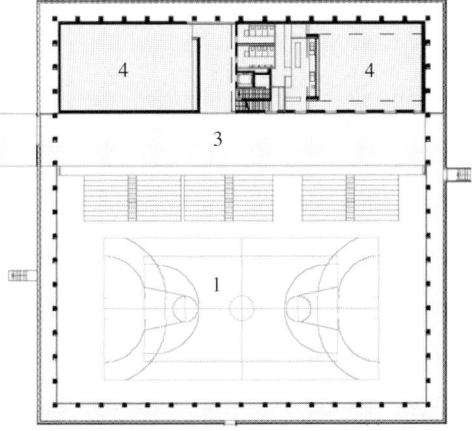

Grundriss Erdgeschoss | *Ground floor plan* 1 : 1000

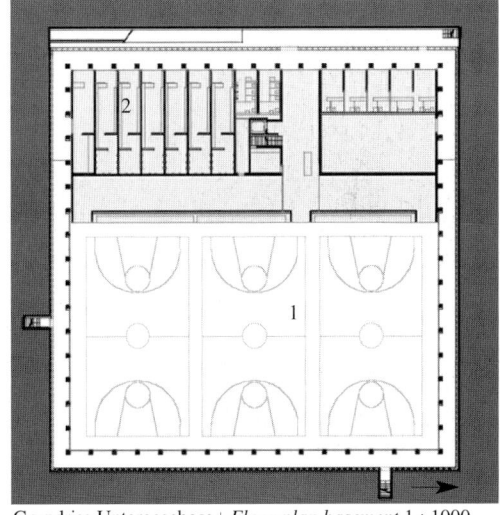

Grundriss Untergeschoss | *Floor plan basement* 1 : 1000

Large volumes of irregular shapes and outlines make their mark on the environs of this new sports centre on the western outskirts of Zug. The distinctive cuboid monolith designed by the Swiss architects features iridescent façades on all sides.

The façade elements are framed with amethyst-coloured glass profiles backed, on interior walls, with coloured panels of derived timber, and with coloured insulating board on the outside. Being transparent, glass is usually intended to facilitate communication between interior and exterior. In this case, however, it leaves the observer wondering what is inside.

The visitor enters the »golden cube« via a 2.50 metre wide footbridge. The interior space flanked by concrete columns, the sports arena and the compact appearance of this purely functional building are the main architectural characteristics. Two metres behind the façade, rows of precast concrete columns carry the non-directional roof construction of 54 x 54 metres with its array of square-shaped down-lights.

Facility and training rooms fit neatly underneath seating at the west side of the arena. Training rooms on the mezzanine and the fitness room above are open to the roof. Thus acoustically linked they are also part of a large sports arena. So, behind these façades with their ever-changing colours there is a world all of its own.

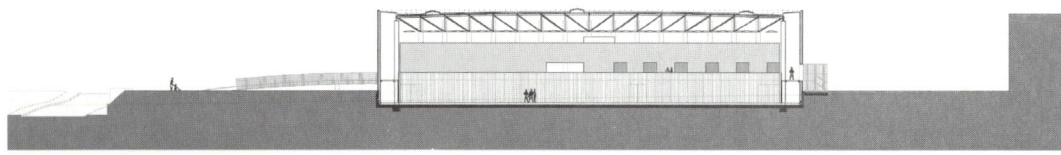

SPORTHALLE IN ZUG

Schnitt Nord-Süd | *Northsouth section 1 : 1000*

Tageslicht dringt durch ein umlaufendes Lichtband | *Daylight enters through an all-round strip of roof lights*

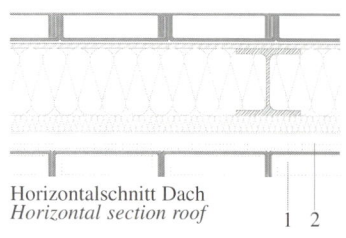

Horizontalschnitt Dach
Horizontal section roof

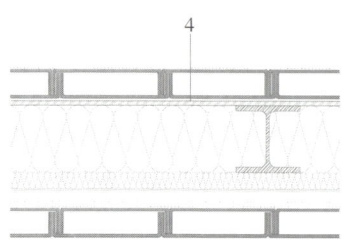

Horizontalschnitt Mitte
Horizontal section middle part

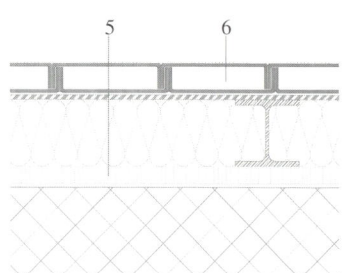

Horizontalschnitt Sockel
Horizontal section plinth

Lichteinfall, Farbe und Materialbeschaffenheit lassen die Fassaden in immer neuen Kontrasten erstrahlen. Wie ein kristalliner Solitär erhebt die Halle sich aus einer nach Farbe dürstenden Umgebung. Der Innenraum hingegen präsentiert sich dem Besucher mit einer homogenen Strenge in Form und Farbe. Nebnuwege für die Sportler weisen eine Farbnuance des Haupthallenbodens auf; während das intensive Gelb der Arena alle Kräfte der Athleten auf dem Spielfeld für einen erfolgreichen Wettkampf zu bündeln scheint.

Material, colour and the incandescent light combine to let the façades gleam in ever changing contrasts. Like a crystalline monolith the building rises out of surroundings that call for colour. Inside, however, its form and colours lend it a rather stern appearance. Corridors to guide the athletes to the various venues are kept in a tone slightly different from the main hall; but the bright yellow of the arena seems to ask athletes to focus their energy in preparation for the contest.

1 Linit-Glas aussen hinterlüftet
2 Vordämmung als Farbträger
3 Dampfsperre
4 Holzwerkstoff als Farbträger
5 Dämmung extrodiert
6 Linit-Glas innen

1 Lined glass
2 Secondary thermal insulation, coloured
3 Vapour barrier
4 Derived timber panel, coloured
5 Thermal insulation, extruded
6 Lined glass, interior

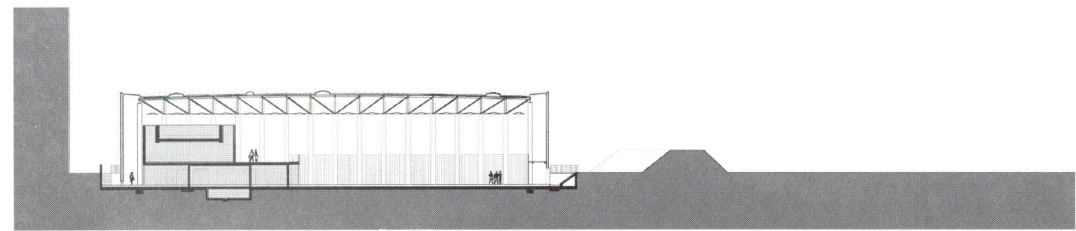

SPORTHALLE IN ZUG

Schnitt Ost-West | *Eastwest section* 1 : 1000

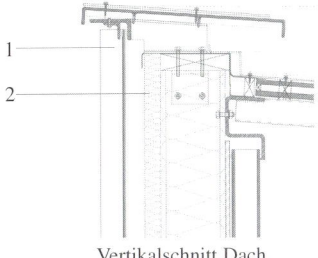

Vertikalschnitt Dach
Vertical section roof

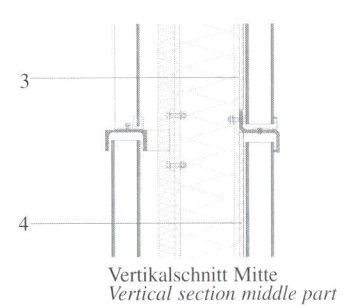

Vertikalschnitt Mitte
Vertical section middle part

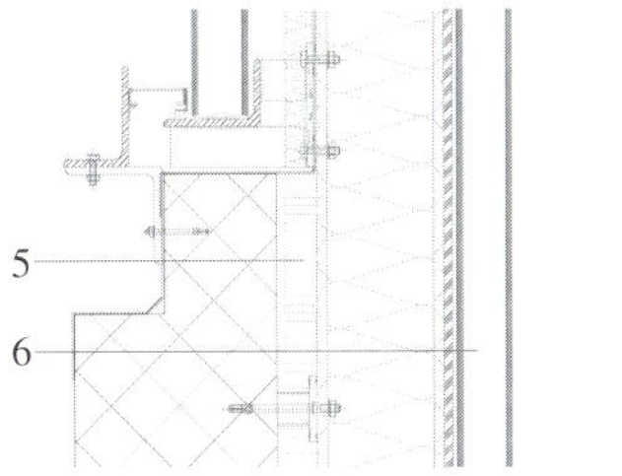

Schnitt Sockel | *Section plinth*

Ein Hallenboden wie der Sand antiker Arenen | *The floor of the hall, like the sands of a Graeco-Roman arena*

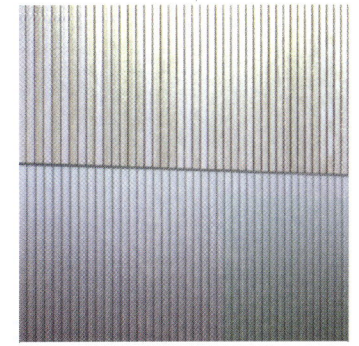

Farbenspiel | *Kaleidoscope of colours*

Formenstrenge | *Clarify of form*

Farbbindung | *Matching colours*

Linienführung | *Clear lines*

Badehaus in einem Park bei Eisenstadt, Österreich
Pool house in a park near Eisenstadt, Austria

Architekt:
Reinhard Schafler, Graz

Mitarbeit:
Manuela Grabmair,
Gerhard Frank

Fotos:
Klaus Schafler

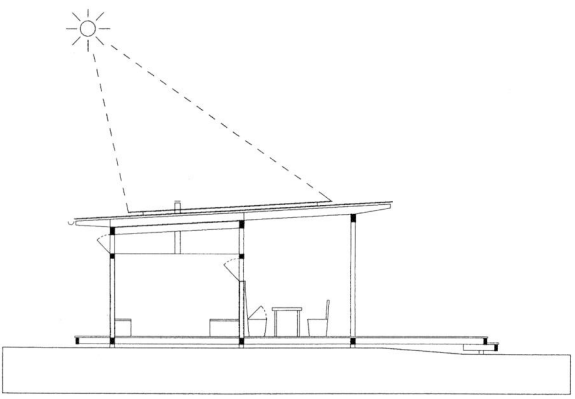

Querschnitt und Grundriss | *Cross section and floor plan* 1 : 200

Das Badehaus liegt auf einer leichten Anhöhe am Rande eines Privatparks bei Eisenstadt. Dieser höchste Punkt des Anwesens wird am längsten von der Sonne beschienen und bietet durch den alten Baumbestand hindurch gute Sichtverbindung zum Wohnhaus, einer Jahrhundertwendevilla. Das ansteigende Gelände wurde leicht modelliert, um den Pavillon hinter dem Swimming Pool auf einem Plateau in den Hang zu integrieren.

Das vorgegebene Raumprogramm – Ruheraum mit Umkleide, Sommerküche, Freisitz, Solartechnikraum, Lager und WC – wurde in eine kompakte Box integriert. Die schlichte Architektur des Pavillons stellt einen bewusst gesetzten zeitgemäßen Gegenpol zur Herrschaftsarchitektur der Villa dar, wobei dennoch versucht wird, einen Dialog zwischen Alt und Neu herzustellen.

Die Holzriegelwände wurden im Werk vorgefertigt und auf der Baustelle mit unbehandelten Lärchenbrettern beplankt. Eine lange Truhenbank und die Küche aus geöltem Lärchenholz sind integrierte Teile der dem Schwimmbecken zugewandten Fassade. Der Umkleideraum und die Nebenräume sind von der Rück- beziehungsweise Ostseite zu betreten.

Das auf zarten Holzstützen »schwebende« Dach fällt leicht nach hinten ab. Weiß gestrichen und mit weißem Alublech bedeckt hebt es sich vom natürlichen Holzton ab. Zwischen Dach und Box fügt sich – fast unsichtbar – ein fest verglastes, außenbündiges Fensterband aus Floatglas ein.

Die Idee eines Schiffsdecks und die Ökonomie des Bootsbaus sind prägende Elemente dieses leichten Möbels im Park.

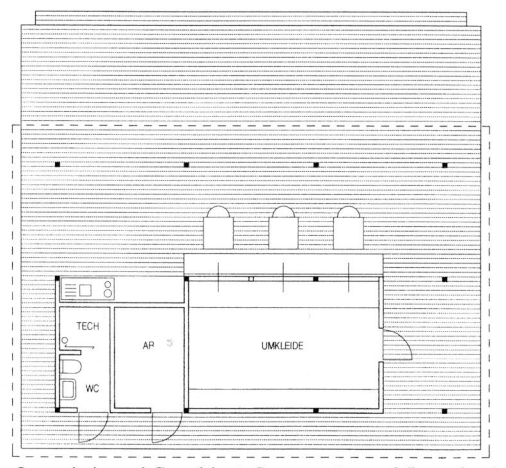

BADEHAUS IN EINEM PARK BEI EISENSTADT

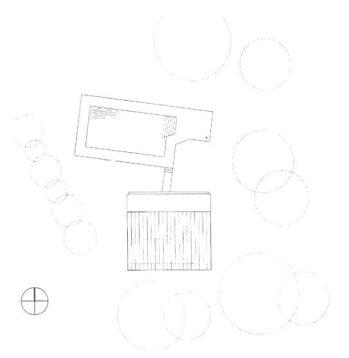

Lageplan | *Site plan*

The pool house is located on a gentle mound at the fringe of a private park near Eisenstadt. This highest point of the estate is also the sunniest spot all day, surrounded by mature trees and offers a good view of the villa which dates from the turn of the centuries. The slightly rising terrain has been landscaped to allow the pool house to sit on a plateau, as it were, integrated into the hillside.

The facilities required – rest room, changing room, kitchenette, terrace, room for solar energy installations, store room and toilet – have all been accommodated in a compact box. The unpretentious, contemporary architecture of this pavilion stands in deliberate contrast to the manorial dwelling, which it nevertheless engages in a dialogue between old and new.

The partition-type walls are made of prefab components assembled on site and clad with natural unfinished larchwood. Integrated into the poolside façade are an extended settle and the oil-finished larchwood kitchenette. Changing room and service rooms are entered from the back and the east side respectively.

Supported on slender wooden poles the backward inclining roof appears to »hover« above. Its white painted surfaces and aluminium cover make it stand out against the natural wood colour around. Between roof and box, almost invisible, there is strip of float glass windows with flush exterior surface.

Echoes of boat deck design and the economy of boat building are characteristic features of this airy, furniture-like ensemble set in a park.

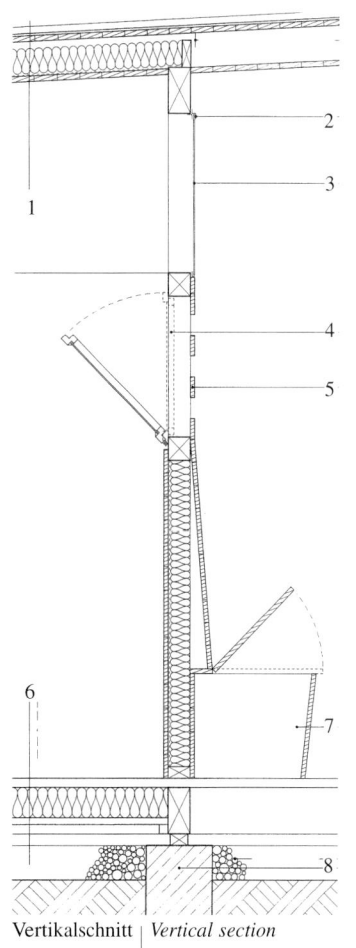

1 Blechdach Alu weiß
  Rauhschalung 24 mm
  Sparren 80/140
  Dämmung 120 mm
  PE-Folie
  Schalung 24 mm
2 Glashaltepunkt verzinkt
3 Oberlichtband Floatglas 6 mm
4 Klappflügel Lärche Floatglas 6 mm
5 Sichtschutzlamelle Lärche 20/100
6 Holzrost: Lärche unbehandelt 40/140
  Dämmung 120 mm
  Blindboden
7 Fassadenintegrierte Sitzbank mit Stauraum
8 Punktfundament 30/30 cm

*1 Aluminium lined roof, white rough sawn boarding, 24 mm
  Rafter 80/140
  Thermal insulation 120 mm
  Polyethylene membrane
  Boarding 24 mm*
2 Glass fixing bracket, galvanised
3 High-level window strip, float glass 6 mm
4 Fanlight, larchwood and float glass 6 mm
5 Screening boards, larchwood 20/100
*6 Wooden grid: larchwood, natural 40/140
  Thermal insulation 120 mm
  Subfloor*
7 Settle with storage box, integral part of façade
8 Intermittent footing 30/30 cm

Vertikalschnitt | *Vertical section*

Baseball-Wettkampfhalle in Odate, Japan
Baseball Stadium in Odate, Japan

Architekten:
Toyo Ito & Associates, Tokio

Fotos:
Mikio Kamaya

Tagspiegelung | *Reflection by day*

Über den Reisfeldern erhebt sich die transparente Hülle | *The transparent cover raised above the rice fields*

Die japanische Stadt Odate und ihre Umgebung erleben momentan einen wirtschaftlichen Aufschwung. Eine effizientere Nutzung des heimischen Zypressenbestandes als Bauholz trägt hierzu in großem Umfang bei.

Ziel beim Bau der Sporthalle, dem »Dome« in Odate, war die Gestaltung eines Gebäudes, welches in Form und Material überwiegend aus heimischen Ressourcen entwickelt und so zum ökonomischen Aufschwung der Region beitragen würde. Aus diesem Grunde haben die Architekten Zypressenholz für die Konstruktion verwendet. Die natürlichen Gegebenheiten, Reisfelder vor einem Bergmassiv, galt es in die Struktur miteinzubeziehen.

Die Konstruktion und die daraus resultierende Form der Halle entwickelten sich aus unterschiedlichen Faktoren: der anhaltende Südwestwind, die aerodynamischen Bedingungen aufgrund der langen, schneereichen Winter, die Flugbahn des Balls beim Baseball und die Luftströmungen im Inneren der Halle waren zu beachten.

Die parabolische Dachkonstruktion realisierten die Architekten mit einem zweidimensionalen Holzbogentragwerk. Mit einer Membran aus Teflon wird selbst bei schwierigsten klimatischen und belichtungstechnischen Bedingungen während der Wintermonate eine natürliche Innenraumatmosphäre ermöglicht. Diese lässt natürliches Licht ungehindert in den »Dome« gelangen. In der Nacht scheint der Dome ähnlich des Mondes von innen heraus zu glühen.

BASEBALL-WETTKAMPFHALLE IN ODATE

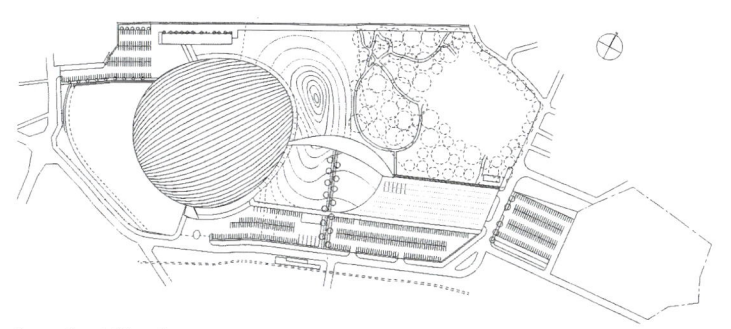

Lageplan | *Site plan*

The Japanese town of Odate, indeed the whole region, is in the middle of an economic boom. To a very large extent it is due to the fact that timber from indigenous cypress forests is used more efficiently for building purposes.

The aim in constructing a new sports hall, the »Dome« of Odate, was therefore to design a structure that would be built predominantly of materials from local resources and thus contribute to the boom. That is why the architects decided to use cypress as the main building material. The design was also to take note of local features such as the rice fields, with a mountain range as backdrop.

Various factors determined the shape and construction of the stadium: abiding wind from southwest, aerodynamic requirements owing to long winters with plenty of snow, the trajectory of a baseball, and air currents inside the dome - all had to be taken into consideration.

The architects designed a parabolic roof structure, a two-dimensional loadbearing framework of arched wooden beams. The Teflon cover ensures that daylight is admitted freely and that a natural atmosphere can prevail inside the »Dome« even during the long winter months when climatic and lighting conditions are difficult. At night, and not unlike the moon, the Dome seems to glow from within.

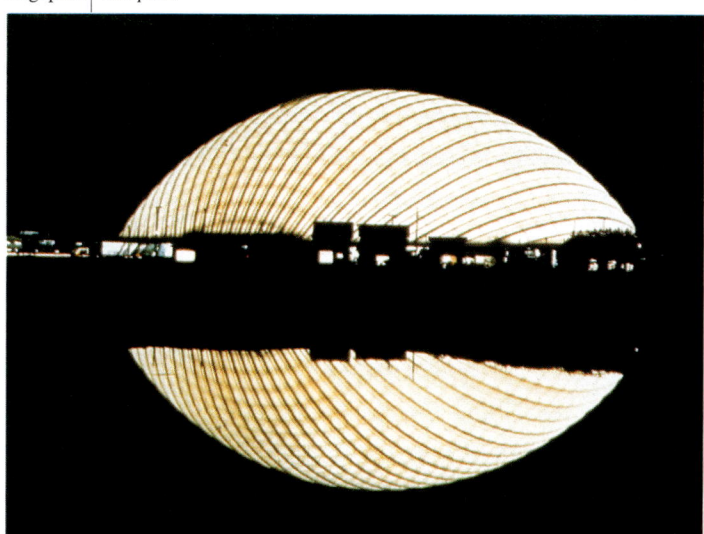

Nachtspiegelung | *Reflection at night*

Die Träger gleichen einem Koordinatensystem | *The beams – arranged like co-ordinates*

BASEBALL-WETTKAMPFHALLE IN ODATE

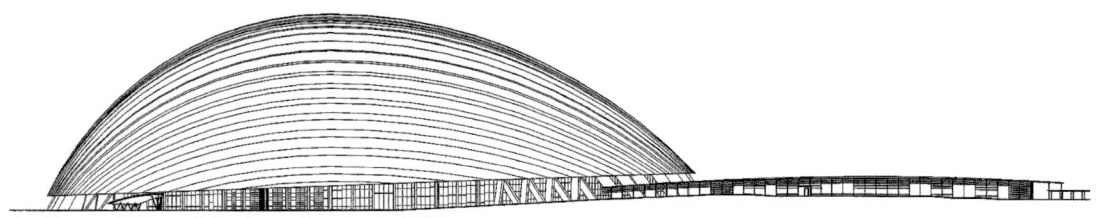

Ansicht von Südosten | *Southeast elevation* 1 : 2000

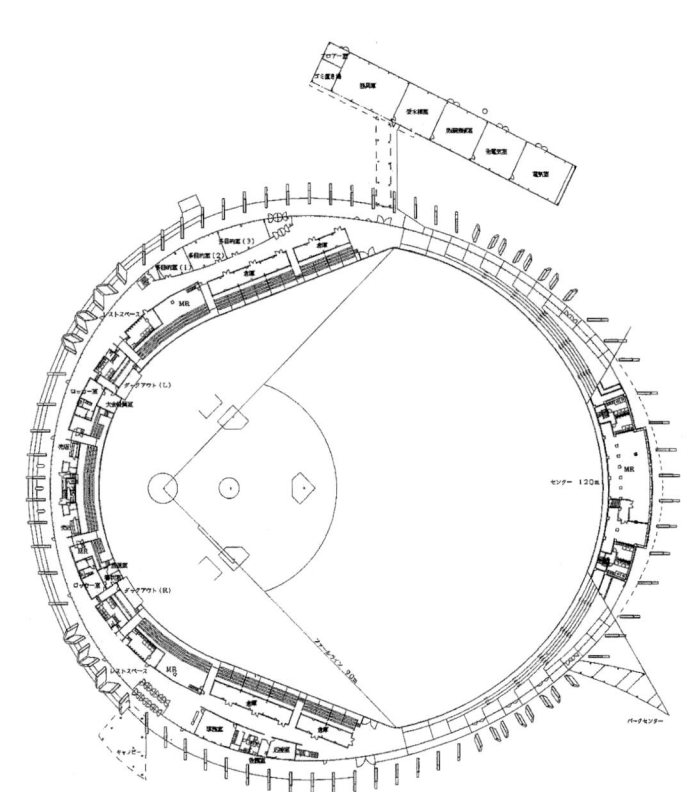

Grundriss Eingangsebene | *Floor plan entrance level* 1 : 2000

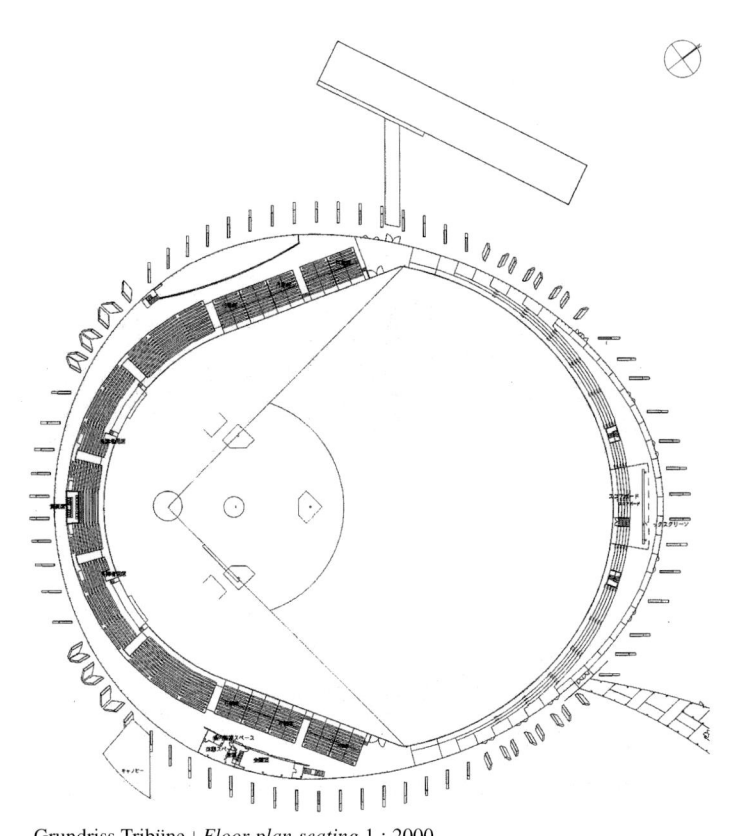

Grundriss Tribüne | *Floor plan seating* 1 : 2000

Ansicht von Westen | *View from west*

Tragwerk aus heimischem Zypressenholz
Loadbearing framework of indigenous cypress

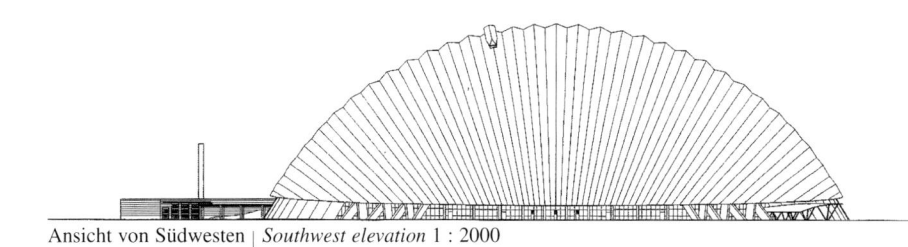

BASEBALL-WETTKAMPFHALLE IN ODATE

Ansicht von Südwesten | *Southwest elevation* 1 : 2000

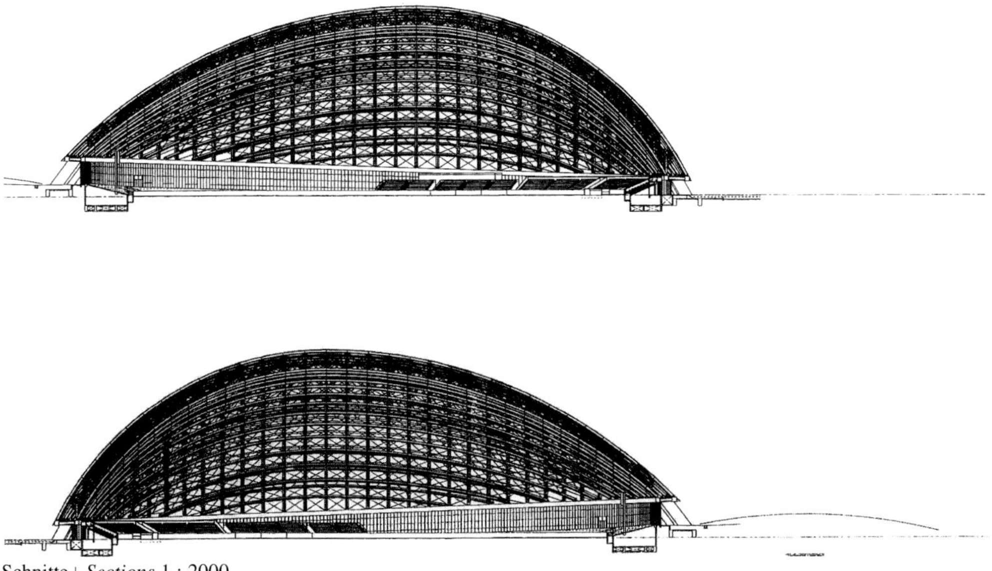

Schnitte | *Sections* 1 : 2000

Looking like a Japanese lantern set amidst rice fields the parabolic roof covers the ground. The Dome, a small hill in front of high mountains, dominates the river plain. With this structure, architect Toyo Ito has found a concrete expression of his ideal of architecture that is transparent, weightless yet firm. The building proves once again that in an electronic age design is no longer subject to limitations of space. The dome encompasses and overcomes all of them and uses natural building materials. Natural phenomena such as reflection by water complement the architectural effect.

Die parabolische Hülle überspannt wie ein Papierlampion die Erdoberfläche zwischen den Reisfeldern. Einem leichten Berg vor schweren Bergen gleich liegt der »Dome« in der Flussebene. Der Architekt Toyo Ito realisierte mit diesem Bau seine Vorstellung von einer transparenten, schwerelosen aber strengen Architektursprache. Einmal mehr wurde mit dieser Konstruktion bewiesen, dass Entwürfe im elektronischen Zeitalter kaum mehr räumlichen Zwängen unterworfen sind. Mit Baumaterial aus der Natur legt die Halle sich über diese. Natürliche Effekte, wie die Spiegelung im Wasser, ergänzen ihre architektonische Wirkung.

Filigranes Gitterschalentragwerk | *The filigree-like structural framework*

Projekt: Schwimmhalle auf der Themse, London
Project: Swimming pool on the river Thames, London

Architekten:
Lifschutz Davidson, London

»Lido« steht für ein schwimmendes Freizeitbad und ist am Themseufer bei den Bernie Spain Gardens nahe der Oxo Tower Wharf verankert. Der elliptische Schwimmkörper misst 75 x 38 Meter und ragt acht Meter über die Wasserlinie. Als Schwimmkörper bewegt sich das Schwimmbad mit den Gezeiten. Die gesamte Konstruktion ist in einem Bereich der Themse, der nur bei Hochwasser schiffbar ist, verankert. Mit 50 x 16 Meter erfüllt das Schwimmbecken olympische Anforderungen.

Eine leichte Glashülle umgibt das Schwimmbecken auf der obersten Ebene. Auf der mittleren Ebene befinden sich eine Bar, ein Restaurant und ein Fitness Center. In einem elliptischen Ring umgeben diese Räume das rechteckige Schwimmbecken. Nach Süden zum Ufer hin bieten zwei großzügige Sonnendecks Liegeflächen für Sonnenhungrige und Raum für besondere Veranstaltungen. Unter den Decks sind Umkleidekabinen, weitere Fitnesseinrichtungen, Küchen sowie die Haustechnik untergebracht.

Die Hinwendung zum Fluss verleiht diesem Schwimmbad besondere Attraktivität. Das Schwimmen in einem sicheren Bassin und innerhalb einer konditionierten Hülle ermöglicht die Ausübung des Wassersports unabhängig von der Jahreszeit und den hier heftig wirkenden Gezeiten – man schwimmt zwar nicht in der Themse, aber auf der Themse und kommt so auf indirekte Weise in den Genuss des Badens im Fluss.

The »Lido«, a floating swimming pool with leisure facilities on the river Thames, is moored off Bernie Inn Gardens close to Oxo Tower Wharf. The elliptical floating structure measures 75 x 38 metres and stands eight metres tall of the water line, rising and falling with the tide in a zone where the Thames is navigable at high tide only. The pool itself measures 50 x 16 metres to allow training to Olympic standard.

The crystalline glass roof encloses a swimming pool on the top deck. Below, on the mid deck, there is a bar, restaurant and fitness centre. These are arranged in a ring around the pool which is lined with glass sides to allow direct views of the swimmers and divers. To the south (the bank side) there are two large sun decks intended to allow the public to spill out in the summer and to provide additional space for special events. Below the decks are the changing rooms, more fitness club facilities, kitchens and plant.

The special attraction of this swimming pool is, of course, its location on the river. One may indulge in one's favourite water sport in a safe pool inside an air conditioned see-through shell, and irrespective of the time of year or the tidal changes, which are still quite strong this far inland. You might not be swimming in the Thames, but rather on it, thus enjoying the delights of river bathing indirectly, as it were.

PROJEKT: SCHWIMMHALLE AUF DER THEMSE IN LONDON

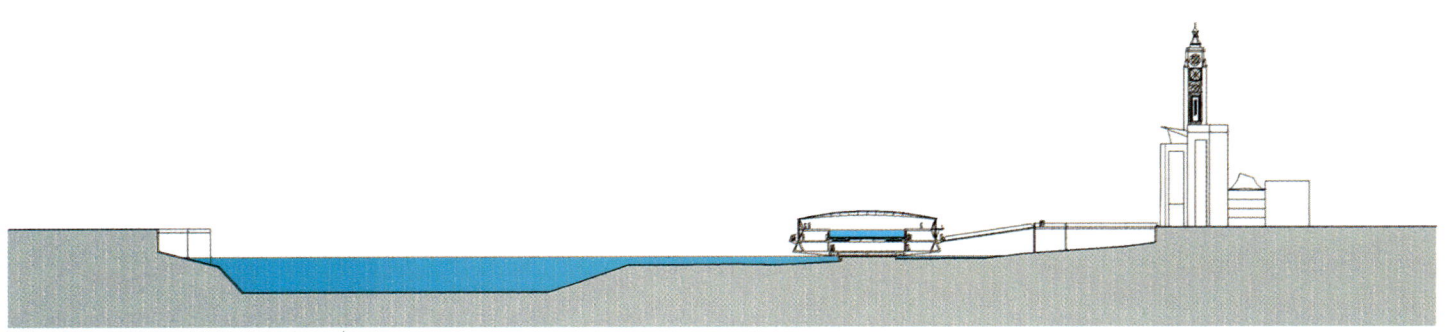

Schnitt bei Hochwasser | *Section (high tide)* 1 : 2000

Lageplan | *Site plan*

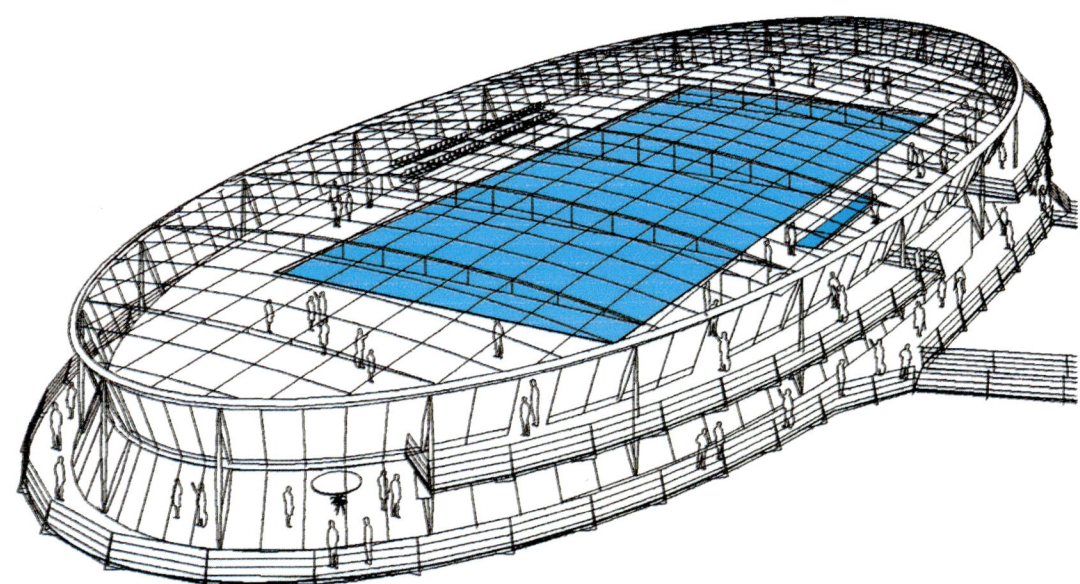

Perspektive | *Cross section of perspective view*

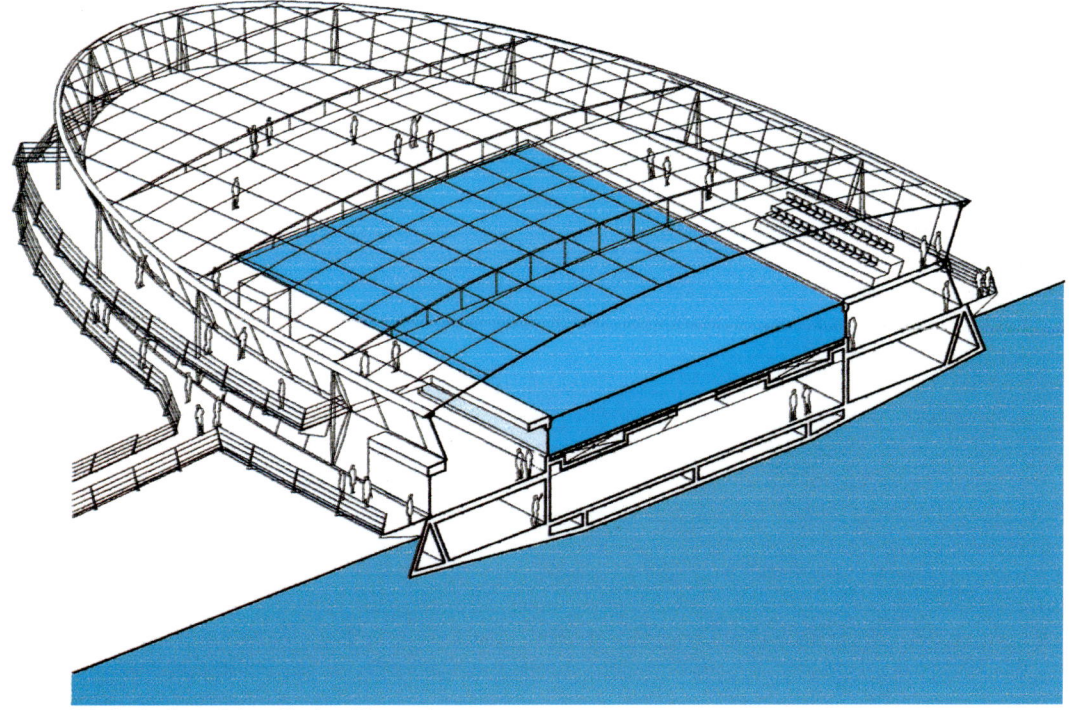

Schnitt der Perspektive | *Sectional isometric*

Schwimmhalle in Navan, Irland
Swimming pool in Navan, Ireland

Architekten:
Newenham Mulligan & Associates, Dublin
Dermot Mulligan

Entwurf:
Gavin Arnold

Mitarbeit:
David Power, Terry Kearney

Ansicht von Südwesten | *View from the southwest*

Kinderbecken | *Children's pool*

Wasser vom Himmel ist den Iren ein vertrautes Bild. An den Anblick der Schwimmanlage in Navan nordwestlich von Dublin müssen sie sich erst noch gewöhnen. Ende 2000 fertiggestellt, bildet diese den Mittelpunkt eines Masterplans um die prosperierende Stadt.

Das Dach aus Brettschichtholzträgern folgt der Höhenentwicklung des Geländes und überspannt den gesamten Komplex. Stehfalzprofile aus Aluminium bilden die äußere Abdeckung. Aussteifende Holzplatten sind im Innenraum der optische Abschluss zwischen den Trägern.

In einem Stahlbetonkern konnten Umkleide- und Nebenräume untergebracht werden. Ferner dient dieser zur Aussteifung der Konstruktion. Optimale Tageslichtausnutzung ermöglicht die umlaufende Vorhangfassade, während konstruktive Dachüberstände direkte Sonneneinstrahlung im Beckenbereich vermeiden. Je zwei schräge Stahlstützen spannen ein Dreieck auf und sind am Kopf- und Fußpunkt gelenkig gelagert. Mit Hilfe des so entstandenen Kräftedreiecks werden die Holzträger im Stahlbetonfundament verankert. In einem Installationskanal unterhalb der Beckenränder konnte der größte Teil der Leitungen geführt werden; so ließ sich deren sichtbare Verlegung vermeiden.

Die Architekten bevorzugten Holz als Hauptkonstruktionsmaterial, um die Korrosionsgefahr zu senken und dem Bad eine warme Atmosphäre zu geben.

Prägendes Element der Anlage ist ein sechs Bahnen breites Wettkampfbecken. Sauna, Wasserröhre, Dampfraum, sowie eine Zuschauergalerie im Obergeschoss mit Blick über die gesamte Anlage ergänzen das Raumprogramm. Fließt der Wasserstrom vom Himmel einmal nicht, laden Sonnenterrasse und Cafeteria zur Erholung ein.

Water falling from the sky is a familiar experience for all the Irish. But something they still have to get used to, are the looks of this new swimming pool in Navan, northeast of Dublin. Completed towards the end of 2000 it is the centre piece of a master plan, which has been developed for this flourishing town.

The roof echoes the slightly sloping terrain and covers the entire complex. Its construction is of laminated girders covered with standing seam aluminium profiles. Timberboard components provide stiffening between the beams and also round off the interior optically.

At the centre there is a block of reinforced concrete to accommodate changing and facility rooms and also to stabilise the structural framework. The all-round curtain-type façade allows optimum use of daylight, whilst the structural roof overhang, generously proportioned, protects the pool area inside from direct sunlight.

Pairs of steel columns, two columns each anchored to a common reinforced concrete base by articulated joints, fan out towards the top where they are hinged to the wooden girders. Statically speaking each pair forms a triangle of forces to support the beams. Most of the wiring is concealed in a conduit below the pool edges, a device that obviates unsightly cable runs.

Wood was the architect's preferred building material because it reduces the incidence of corrosion in the construction overall and creates an agreeable ambience.

The most characteristic feature of this complex is its six-lane pool suitable for swimming contests. That is complemented by a sauna, a water shoot, a steam bath, and a first floor gallery from where spectators enjoy a view of the entire complex. On days when, happily, there is no water from the sky, sun terraces and a cafeteria invite visitors to unwind and relax.

SCHWIMMHALLE IN NAVAN

Lageplan | *Site plan*

Querschnitt | *Cross section* 1 : 300

Blick in die Schwimmhalle | *View of the swimming pool*

Luftaufnahme der Baustelle | *Bird's-eye view of construction site*

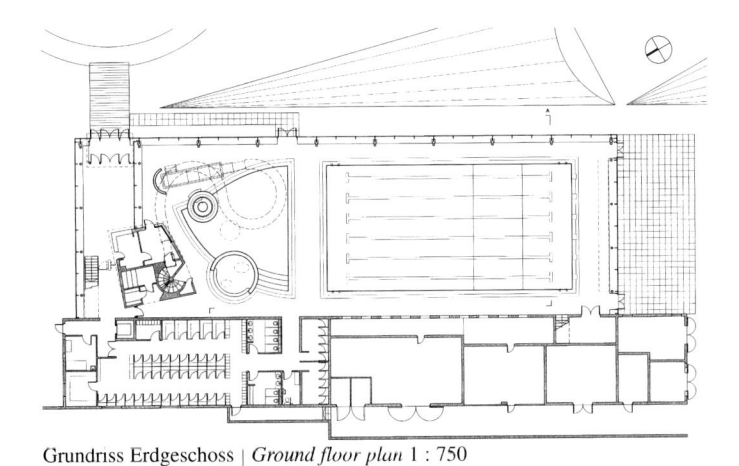

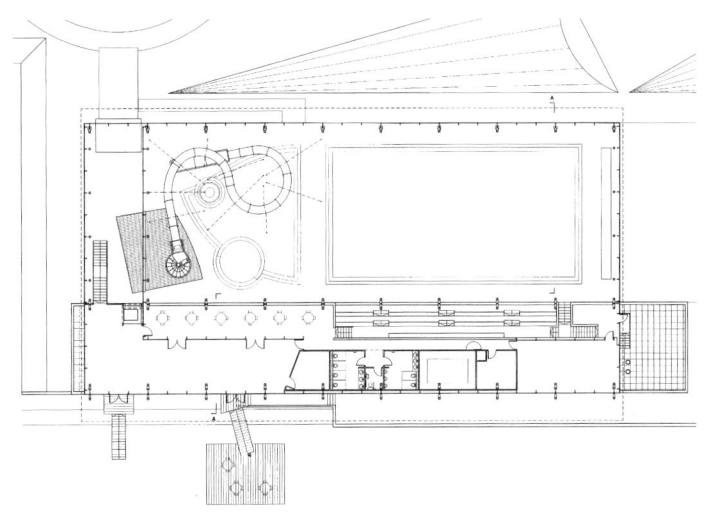

Grundriss Erdgeschoss | *Ground floor plan* 1 : 750

Grundriss 1. Obergeschoss | *1st floor plan* 1 : 750

Die klar gegliederte Fassadenstruktur der Schwimmhalle steht in starkem Gegensatz zu den kleinteiligen Elementen im Innenbereich der Badelandschaft. Nach außen wie innen strahlt die Konstruktion Ruhe aus. Mit den konvexen, unterspannten Brettschichtholzträgern und den liegenden Fassadenprofilen scheint sich der Neubau in die Landschaft »ducken« zu wollen.

The clearly structured façade of the building stands in stark contrast to the small-scale features of the pool area inside. Overall the construction has an air of tranquillity, both inside and out. The convex girders with underneath bracing and the horizontal façade profiles combine to create an impression of the building »ducking down« in its landscape.

Sporthalle Buchholz-Uster, Schweiz
Sports centre Buchholz-Uster, Switzerland

Architekten:
Camenzind & Gräfensteiner,
Zürich
Stefan Camenzind,
Michael Gräfensteiner

Mitarbeit:
Brigitta Würsch-Fenner

Die Sporthalle in Buchholz-Uster, Schweiz, die 1994 als erster Preis aus einem Architektenwettbewerb hervorging, stellt eine neue Generation im Sporthallenbau dar und wurde bereits mit mehreren Architekturpreisen ausgezeichnet.

In unmittelbarer Nähe zur Autobahn, in einer Reihe von Sportstätten, sitzt die Halle als flacher, gläserner Quader auf einem Sichtbetonsockel. Auf der Nord- und Südseite ist die Glashülle transparent, nach Westen und Osten ist das Glas transluzent. Der Eingangsbereich befindet sich im Süden.

Das Stahltragwerk der zweischiffigen Halle besteht aus einem dreistieligen Rahmensystem mit drei Gelenken und einer Pendelstütze. An seinen Fußgelenken ist der Hauptrahmen über ein Gussteil auf dem umlaufenden Stahlbetonsockel verankert – das Tragwerk balanciert scheinbar auf seinen Fußpunkten.

Der Besucher betritt die Halle über eine Rampe im Süden. Im Foyer sind Funktionen wie Ticketverkauf und Toiletten in einem eingestellten Pavillon untergebracht. Die Tribüne, deren untere Plätze sich teleskopartig aus- und einfahren lassen, fasst bis zu 1000 Zuschauer.

Die Sporthalle wird über Lüftungsklappen, welche in den schmalen Auskragungen der Glasfassaden über dem Sockelbereich integriert sind, natürlich belüftet. Zusammen mit den Glaslamellen der Nordfassade sorgen diese für eine ausreichende Querlüftung. Der Stahlbetonsockel und der ebenso massive Teil der Tribüne bieten ausreichend Speichermasse, um selbst an Hitzetagen ein ausgeglichenes Raum-

© Serge Kreis

Nachtaufnahme Südfassade mit Zugangsrampe | *Night-time view of south façade with access ramp*

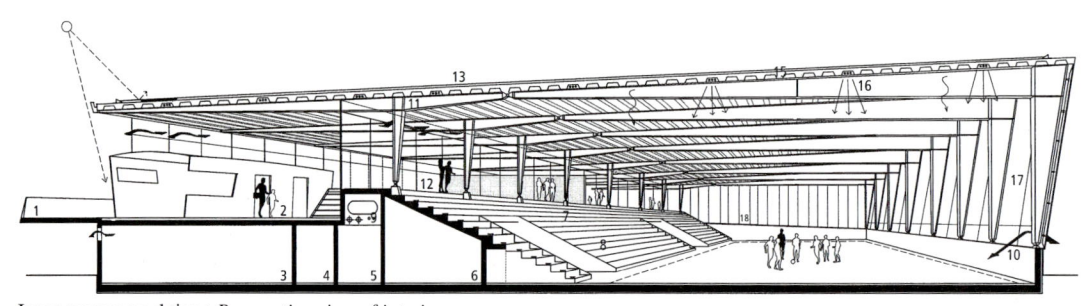

Innenraumperspektive | *Perspective view of interior*

SPORTHALLE BUCHHOLZ-USTER

Lageplan | Site plan

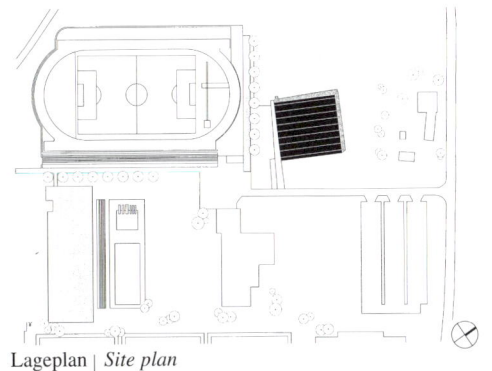

Strukturkonzept
Structural concept

Begrüntes Dach
Grass-covered roof

Stahlstruktur
Steel structure

Volumen
Volume

Sichtbetonsockel
Fair-faced concrete base

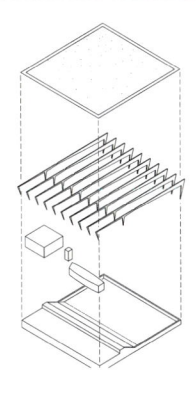

© Serge Kreis

Nachtaufnahme Nordfassade mit transluzenter Ostfassade | *Night-time view of north façade with translucent east façade*

klima zu garantieren. Der Einsatz des mechanischen Quellluftsystems ist daher nur bei größeren Veranstaltungen erforderlich.

Die Decke besteht aus als Schubfeld ausgebildeten Trapezprofilen. Durch seine Lochung und Profilgröße übernimmt dieses nicht nur statische Aufgaben, sondern integriert darin zusätzlich die Akustik, Beleuchtung und Beschallung. Damit wurde die Voraussetzung für einen ruhigen Halleneindruck geschaffen.

Diese Dreifachsporthalle ist das Resultat einer »integralen Denk- und Arbeitsweise« (die Architekten). Nicht umsonst sah die Jury des europaweiten Wettbewerbs in der Sporthalle »das Einfache, das den beschränkten Mitteln Gerechtwerdende, das der Funktion und nicht dem Selbstzweck Folgende«.

The sports centre in Buchholz-Uster, Switzerland, won first prize in an architectural competition in 1994. It belongs to a new generation of sports hall design and has since attracted many other prizes.

Situated close to the motorway amidst a number of other sports arenas, the hall is a relatively low level cuboid structure sitting on a fair-faced concrete base. The fully glazed façades are transparent north and south, and translucent east and west. Access is from the south.

The structural framework of this two-span building comprises a system of triple hinged columns plus articulated column. The articulated bases of the main frame are anchored to the all-round reinforced concrete plinth by cast iron components so that the structural frame-

work appears to be balanced on its hinged bases.

The visitor enters the hall from the south via an access ramp. A free-standing pavilion in the foyer accommodates facilities such as ticket office and toilets. The stand can seat up to 1000 spectators. The lower part can be pulled out and retracted telescopically as required.

Ventilation flaps integrated into the narrow overhang of the glass façades above the plinth ensure natural ventilation of the sports hall. In combination with the glass vanes of the north façade they ensure adequate cross ventilation. Since the base and part of the seating are of reinforced concrete there is enough thermal storage capacity here to ensure agreeable air conditions even in hot weather so that a boost by the mechanical

ventilation system is only required at major events.

The suspended ceiling is of perforated sheet metal with trapezoidal corrugations. Apart from playing a part in structural stability, the size of cut-outs and profiles also benefits acoustics and accommodates lighting installations as well as the public address system. Overall these factors combine to create a calm and pleasant atmosphere in the hall.

This triple sports hall is the result of their »integrated way of thinking and working together« - so the architects. Small wonder, therefore, that the jury of this Europe-wide competition acknowledged this sports hall as a design »that is straightforward, does justice to the limited means available, and is not an aim in itself but serves a purpose.«

SPORTHALLE BUCHHOLZ-USTER

1	Sporthalle	1	Sports hall
2	Teleskoptribüne	2	Retractable seating
3	Geräteräume	3	Equipment storage
4	Entsorgung	4	Waste disposal
5	Putzraum	5	Cleaning
6	WC	6	WC
7	Umkleideräume	7	Changing rooms
8	Technik	8	Technical installation
9	Lager	9	Storage
10	Aufzug	10	Lift
11	Sitzungszimmer	11	Conference room
12	Umkleideräume	12	Changing rooms
13	Duschen	13	Showers
14	Mannschaftszugänge	14	Team entrance
15	Eingang Sportler	15	Athletes' entrance
16	Piazza	16	Piazza

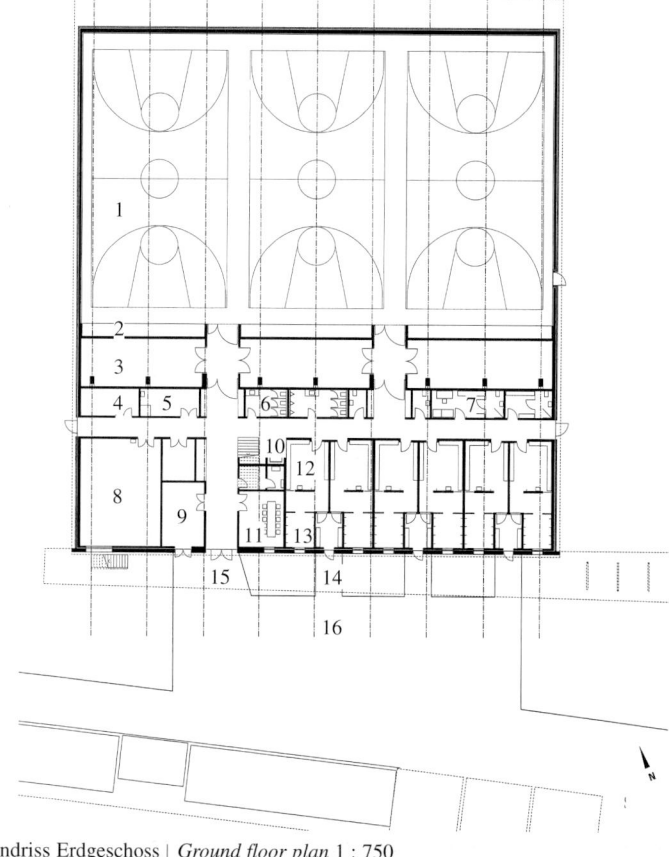

Grundriss Erdgeschoss | *Ground floor plan* 1 : 750

Ansicht Südseite | *View of south façade*

Dreifachsporthalle mit ausgezogener Tribüne für 1000 Zuschauer

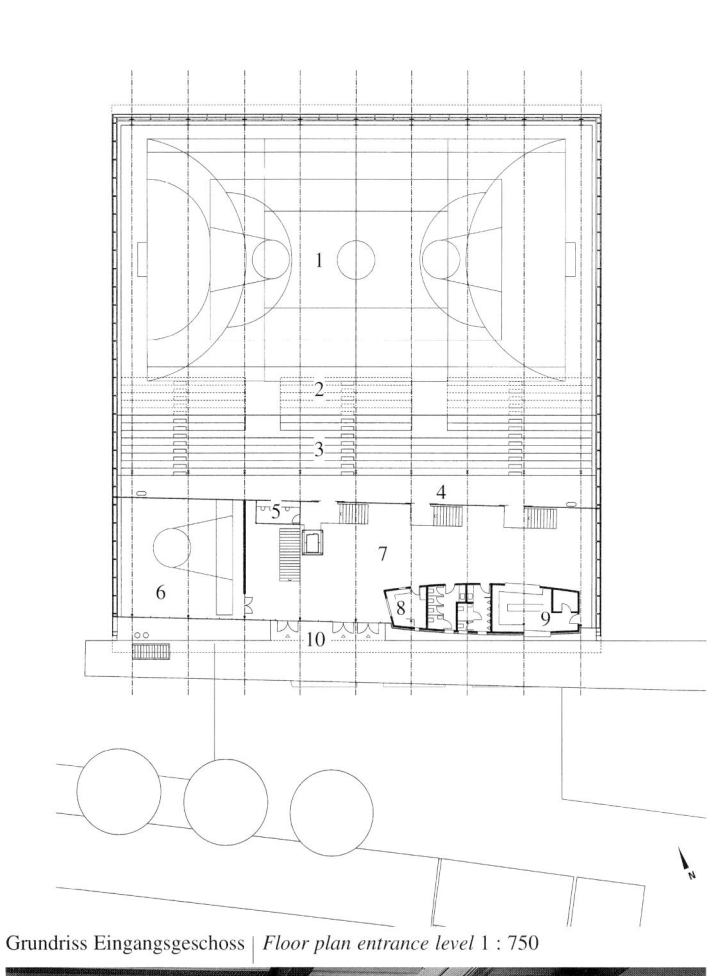

SPORTHALLE BUCHHOLZ-USTER

1 Sporthalle	*1 Sports hall*
2 Teleskoptribüne	*2 Retractable seating*
3 Tribüne	*3 Permanent seating*
4 Galerie	*4 Gallery*
5 Presseraum	*5 Press office*
6 Gymnastikraum	*6 Gym*
7 Foyer	*7 Foyer*
8 Administration	*8 Administration*
9 Kiosk	*9 Kiosk*
10 Eingang Zuschauer	*10 Spectators' entrance*

Grundriss Eingangsgeschoss | *Floor plan entrance level* 1 : 750

Triple sports hall with seating extended to accommodate 1000 spectators

Zugang zur Tribüne | *Access to seating*

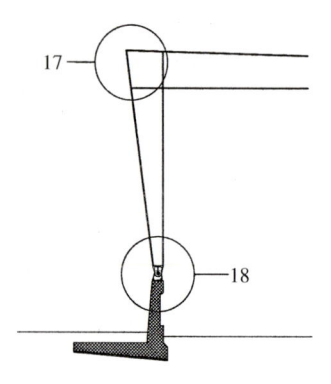

SPORTHALLE BUCHHOLZ-USTER

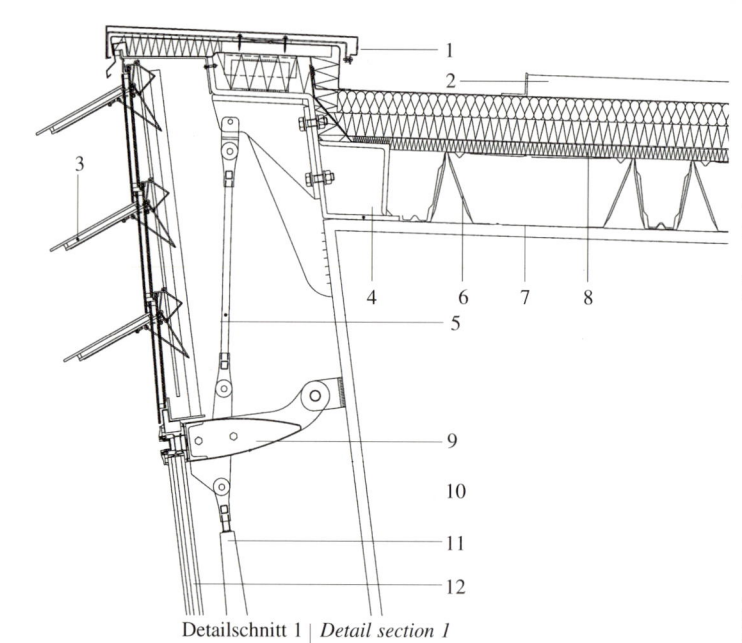

Detailschnitt 1 | *Detail section 1*

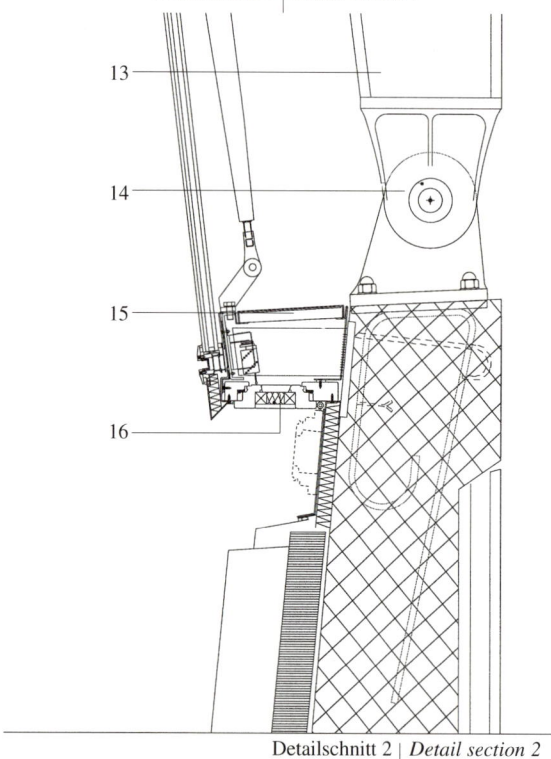

Detailschnitt 2 | *Detail section 2*

1 Dachrandverkleidung
2 Extensivbegrünung
3 Schuppenverglasung
4 Feldrandträger
5 Oberer Zugstab
6 Stützelement für Trapezblech
7 Montageband
8 Trapezprofilblech TRP 200 A
9 Tragflächenprofil aus gepresstem Stahlblech
10 Stahlblechträger
11 Unterer Zugstab aus Dickblech
12 Verglasung
13 Stahlstütze
14 Gussgelenk
15 Maschengitter
16 Lüftungsklappe
17 Detailschnitt 1
18 Detailschnitt 2

1 Roof edge lining
2 Extensive grass cover
3 Vaned glazing
4 Preformed corner profile
5 Upper pull rod
6 Support profile for corrugated sheet
7 Lining tape
8 Metal sheet with trapezoidal corrugation
9 Aircraft-wing profile, pressed steel
10 Rolled steel girder
11 Lower pull rod
12 Glass pane
13 Steel support
14 Steel pin joint
15 Metal mesh
16 Vent
17 Detail section 1
18 Detail section 2

Gusshalter für Transluzidverglasung
Lost wax castings for translucent façade structure

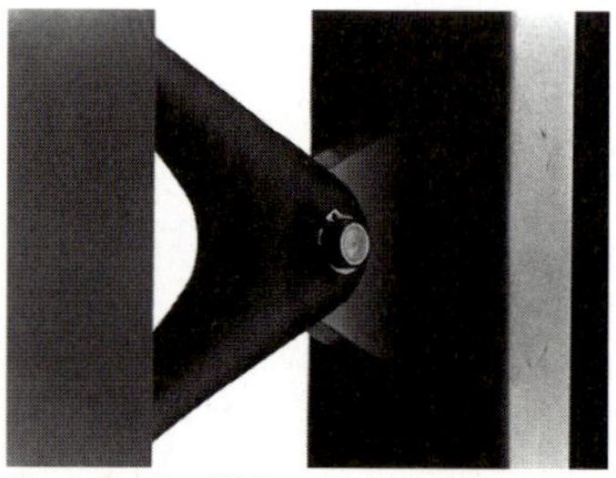

Fassadendetail Transluzidverglasung
Cladding details translucent glazing

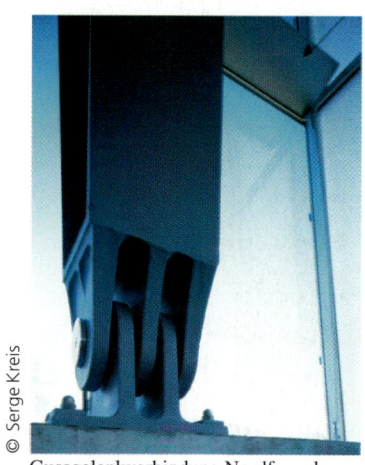

Gussgelenkverbindung Nordfassade
Steel pin joint casting, steel structure north façade

Eine »Ökohalle« ohne »grünes« Erscheinungsbild ist hier bei näherem Hinsehen realisiert worden. Extravagante Formen- und Farbenwahl heben den Neubau aus seinem Umfeld hervor. Ressourcenschonendes Bauen und Betreiben standen bei diesem Entwurf Pate und konnten trotz Kostendrucks realisiert werden. Entstanden ist eine etwas aus den Fugen geratene Kiste, welche den Besuchern in der Nacht mit ihrem hell erleuchteten Innenraum durch die gläserne Fassade den Weg weist.

Though not »green« in appearance, the sports hall does reveal itself as an »ecological« building on closer inspection. Extravagant forms and colours make it stand out from its surroundings. Despite a limited budget, the idea of conserving resources during construction as well as in actual use was the guiding principle of this design. The result is a somewhat disjointed box. At night its glazed façade allows the bright interior lights to also show visitors the way.

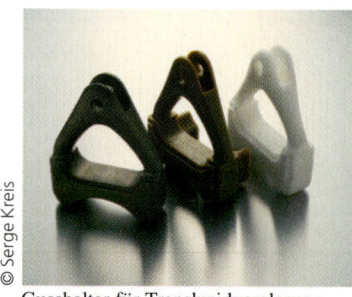

SPORTHALLE BUCHHOLZ-USTER

Südfassade mit Zugangsrampe | *South façade with access ramp*

Außenansicht des mit Holz verkleideten Pavillons
Timber clad external skin of pavilion

Eingangshalle mit Pavillon | *Entrance hall with pavilion*

Stadtbad Schöneberg in Berlin
Schöneberg Municipal baths in Berlin

Architekten:
Arnke und Häntsch, Berlin
Peter L. Arnke, Brigitte Häntsch

Mitarbeit:
Carsten Winter, Heidrun Jablonka, Elisabeth Gnugesser, Ute Meyer, Klaus Schweizer

Fotos:
Valentin Wormbs

Das Stadtbad Schöneberg ist der Umbau, die Erweiterung und Modernisierung eines 1930 von Stadtbaurat Heinrich Lassen gebauten Volksbades, dessen Badebetrieb 1989 eingestellt werden musste. Nach einem zweistufigen Wettbewerbsverfahren gingen die Architekten Arnke und Häntsch 1991 als 1. Preisträger hervor. Kern der architektonischen Aufgabe war, die Besonderheit und Qualität des denkmalgeschützten Baus in ein Gesamtkonzept einzubauen.

Mittels Umfassen des in massivem Klinker errichteten Altbaus durch eine filigrane Stahl-Glashülle wird einerseits die erforderliche Erweiterungsfläche geschaffen, andererseits die Maßnahme deutlich ablesbar: Massiv und Filigran sind Zeichen der Entstehungsphase und ergänzen sich im Gesamtbaukörper. Die Flächenerweiterung besteht aus den Seitenflügeln im 1. Obergeschoss – der historischen Schwimmhalle zugeordnet – und aus einer rückwärtigen zweigeschossigen Neubauhalle im Erdgeschoss. Die dadurch erreichte Trennung der Badebereiche führt zu einer gewünschten Bereichsgliederung hinsichtlich der Frequentierung und Akustik. Die Altbauhalle mit Seitenflügeln nimmt die ruhigeren Schwimmer- und Liegebereiche auf, die Neubauhalle die Kinder- und Nichtschwimmerbereiche.

Über den historischen Eingang mit Windfang an der Hauptstraße und über die beiden zusätzlich geschaffenen Seiteneingänge betritt man das Vestibül mit angegliedertem Shop, Sitzmöglichkeiten und dem neu eingestellten »Kassenhaus«. Am Drehkreuz fällt der Blick auf ein breites Unterwasserfenster, das auf die darüber liegende Schwimmebene hinweist. Die Umkleidekabinen befinden sich im Erdgeschoss. Von der Empore führt der Weg über die Turmtreppenhäuser auf die darüber liegende Galerie beziehungsweise in die Schwimmhalle im Obergeschoss (Altbauhalle) oder über eine Freitreppe in den auf Gartenniveau gelegenen Badebereich (Neubauhalle).

Das historische Dachtragwerk aus genieteten Stahl-Fachwerkbindern wurde in der Altbauhalle freigelegt und mit einem First-Dachreiter aus Glas versehen. Eine darunter gehängte Decke aus Gitterrost wirkt als Sonnenlicht-Diffusor und lässt warmes Tageslicht in den Raum fallen. Die Decke ist gleichzeitig Wartungsebene für die darüber liegenden Installationen. Entsprechend dem Stützenraster des Altbaus wurden ein Dachtragwerk und eine Fassadenteilung entwickelt, die sich in der Neubauhalle umlaufend fortsetzen. Die geneigte unterspannte Stahlkonstruktion, die abgehängten Deckensegel aus akustisch wirksamen Buchenplatten, der Dachrand, die Fassade mit Wartungssteg und Sonnenschutzlamellen – alle Bauteile sind umlaufend gleichförmig detailliert. Der Anschluss über eine gläserne Fuge eröffnete gestalterisch die prinzipielle Option, an die erste Fenstersprosse der Altbauhalle anzubinden.

Das Ergebnis des architektonischen Dialogs von bestehender Bausubstanz mit zeitgemäßer Architektur und Bädertechnik in Zeiten sich wandelnder Nutzungsanforderungen ist ein unverwechselbares Bad, das zugleich ein Stück Geschichte der Badekultur, deren Bauform und Gebäudetechnik repräsentiert.

Blick auf das neue Außenbecken im Nordwesten

Großzügig öffnet sich der Anbau der neu erwachten Schwimmhalle gen Nordosten und bietet sowohl optische als auch haptische Berührungsmöglichkeiten zwischen drinnen und draußen. So lassen sich die historischen Fassaden, in Klinker sichtbar gelassen, von außen ablesen. Konsequent stehen das Material Glas für den Neubau und Klinker für das Alte des Schwimmbades mit seiner historischen Masse.

STADTBAD SCHÖNEBERG IN BERLIN

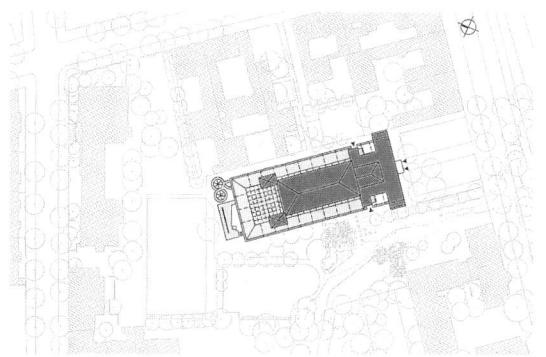

Lageplan | *Site plan*

View of the new outside pool northwest

The spatious northeast extension to the revitalised municipal baths offers optical as well as haptic links between inside and outside. The historic clinker façades have been retained and are visible from outside. Glass and clinker denote new and old respectively in this ensemble of historic substance.

The historic name tells the story: Built in 1930 by the town's municipal master builder as a public bathing venue, it had to close its doors in 1989. Since then, however, this listed building has been thoroughly refurbished, extended and modernised according to a design by architects Arnke & Hätsch who emerged as the prize winners of a two-stage competition. The challenge, architecturally, was to integrate the unique quality of the historic building into the overall concept of a modern swimming pool.

Enclosing the solid clinker-built structure in a filigree-like shell of steel and glass created the extra space that was needed, and it allows the viewer to retrace the steps taken. Filigree and solid construction are both characteristics of the early development stage and complement each other in the overall design. The extension consists of two lateral aisles on the first floor, adjoining the historic hall, and a two-storey hall to the rear. The resulting partition between different zones produced the desired effect, to differentiate the zones as regards their noise levels and the extent of use made of them: The historic hall with its two aisles accommodates the relatively quiet areas for swimming and relaxation, whilst the new extension is intended for children and non-swimmers.

Approaching either from the main street through the historic entrance with its porch or through the two side entrances one enters the vestibule, which comprises a shop, some seating and a newly installed ticket kiosk. At the turnstile, a wide underwater window catches the visitor's eye and serves as a signpost to the swimming pool on the level above. Changing rooms are on the ground floor. Spiral staircases guide the visitor from the balcony either to the gallery above or to the swimming pool on the first floor of the old building, whilst an open stairs point the way to the swimming facilities in the new extension at garden level.

The historic roof structure of riveted steel trusses has been laid open to view, and a glazed ridge turret has been added on top. The suspended gridiron ceiling serves to diffuse the sunlight and allows mellow daylight to illuminate the hall. It also accommodates electrical installations and can therefore be accessed from above for maintenance purposes. The pattern of columns on the outside of the old building is echoed by the new roof construction as well as the organisation of the façade - design features that are repeated on all sides of the new hall. The same attention to uniformly fashioned details is evident all round: the slightly inclining steel structure of the roof with its underneath lining, the suspended ceiling elements of beechwood to improve the hall's acoustics, the roof edge, the façade with gangplanks for maintenance, and the sun visors. The principal idea of joining old and new with glass has been realised in a fitting manner: the glazed link attaches to the first window rail.

This unique swimming pool is the result of architectural dialogue between existing building stock and contemporary architecture and technology at a time when patterns of demand and use are changing. Part of social history, it stands for the changing culture of bathing and its associated building design.

STADTBAD SCHÖNEBERG IN BERLIN

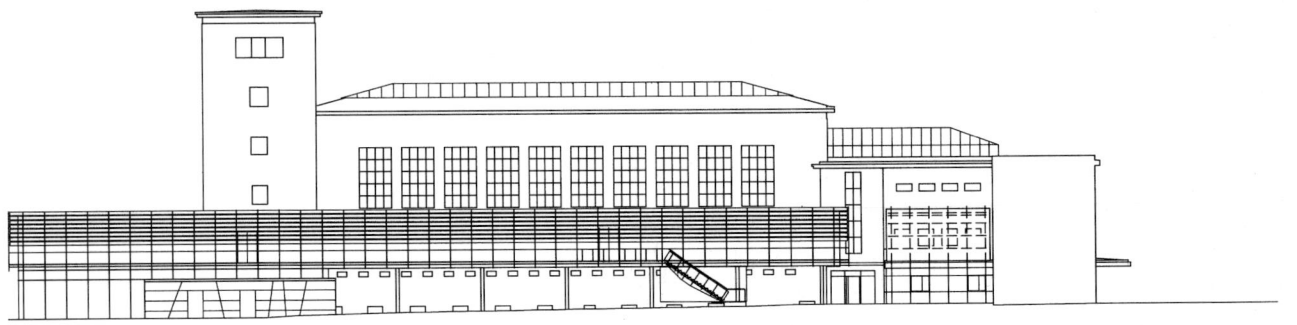

Ansicht von Südwesten | *Southwest elevation* 1 : 600

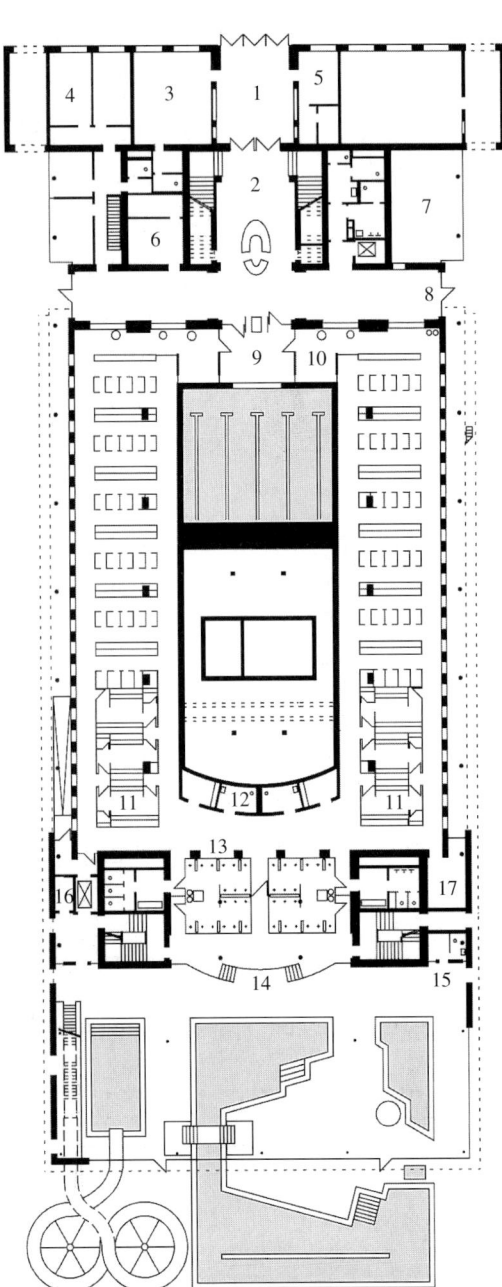

Grundriss Erdgeschoss | *Ground floor plan* 1 : 600

1 Haupteingang/Windfang	*1 Main entrance/porch*
2 Eingangshalle	*2 Foyer*
3 Shop	*3 Shop*
4 Verwaltung	*4 Administration*
5 Büro Cafeteria	*5 Office cafeteria*
6 Rollstuhlwechselplatz	*6 Wheelchair changeover*
7 Mehrzweckraum	*7 Multi-purpose room*
8 Seiteneingänge	*8 Side entrances*
9 Wartebereich/Unterwasserfenster	*9 Waiting room/underwater window*
10 Fön	*10 Hair dryer*
11 Umkleiden	*11 Changing rooms*
12 Behindertenumkleiden/Duschen	*12 Disabled changing rooms/showers*
13 Duschkuben	*13 Shower cubicles*
14 Neubauhalle	*14 Hallway, new building*
15 Wickelraum	*15 Babies' changing room*
16 Geräte	*16 Equipment storage*
17 Putzraum	*17 Cleaning*
18 Saunabereich	*18 Sauna*
19 Sauna-Terrasse	*19 Sauna terrace*
20 Öffentliche Cafeteria	*20 Public cafeteria*
21 Besucher Cafeteria	*21 Visitors cafeteria*
22 Ruhebereich	*22 Rest area*
23 Galerie	*23 Gallery*
24 Bademeister	*24 Pool supervisor*
25 Wellnessbereich	*25 Health and fitness*
26 Personalraum	*26 Staff*

STADTBAD SCHÖNEBERG IN BERLIN

Der Haupteingang im Südosten | *The main entrance southeast*

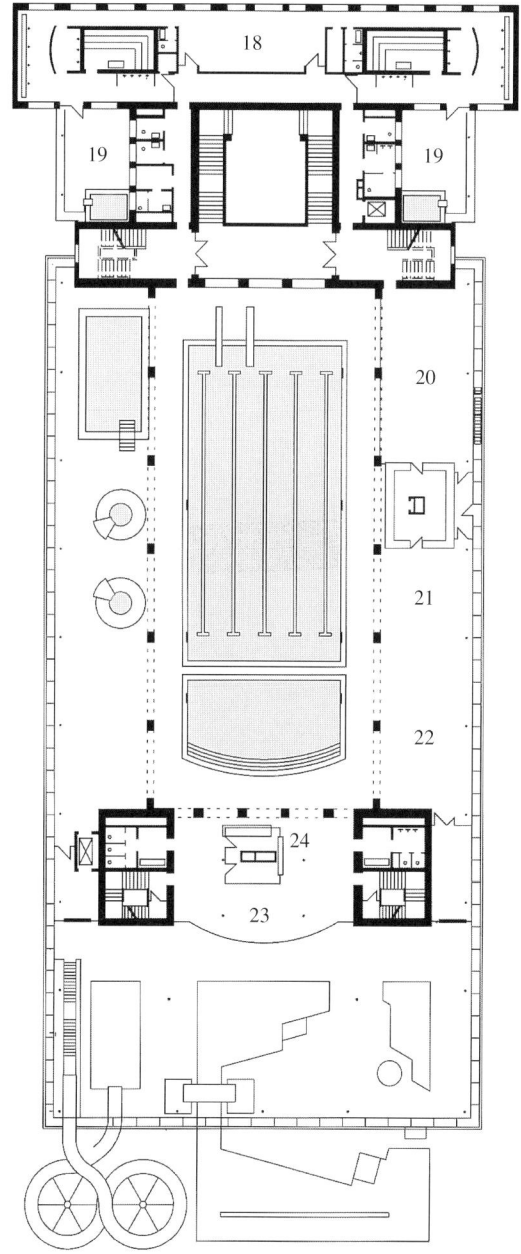

Grundriss 1. Obergeschoss | *1st floor plan* 1 : 600

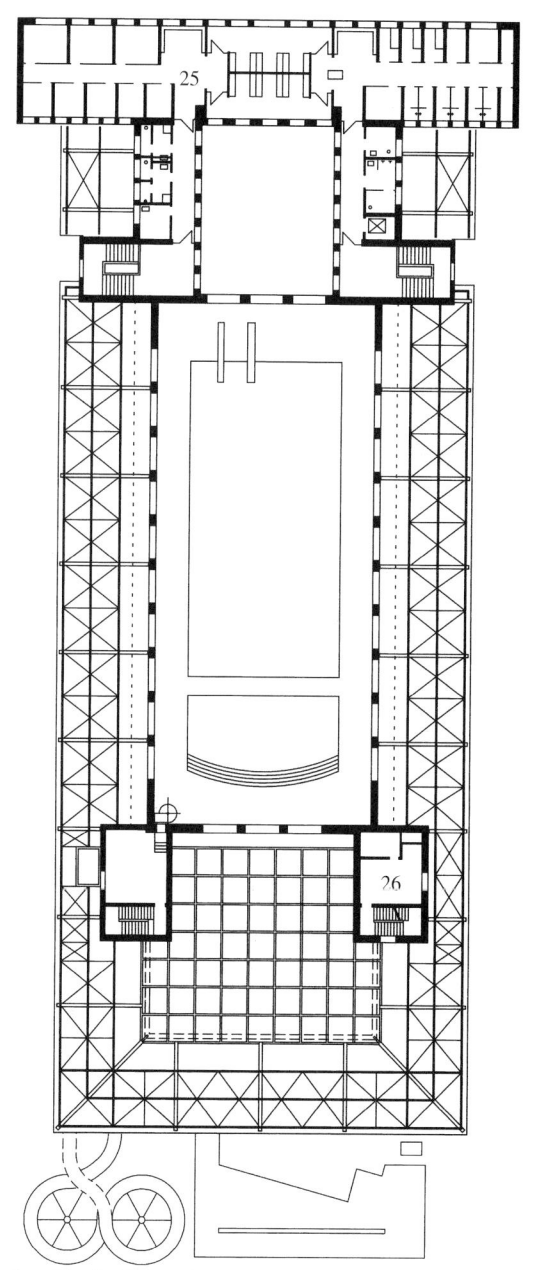

Grundriss 2. Obergeschoss | *2nd floor plan* 1 : 600

STADTBAD SCHÖNEBERG IN BERLIN

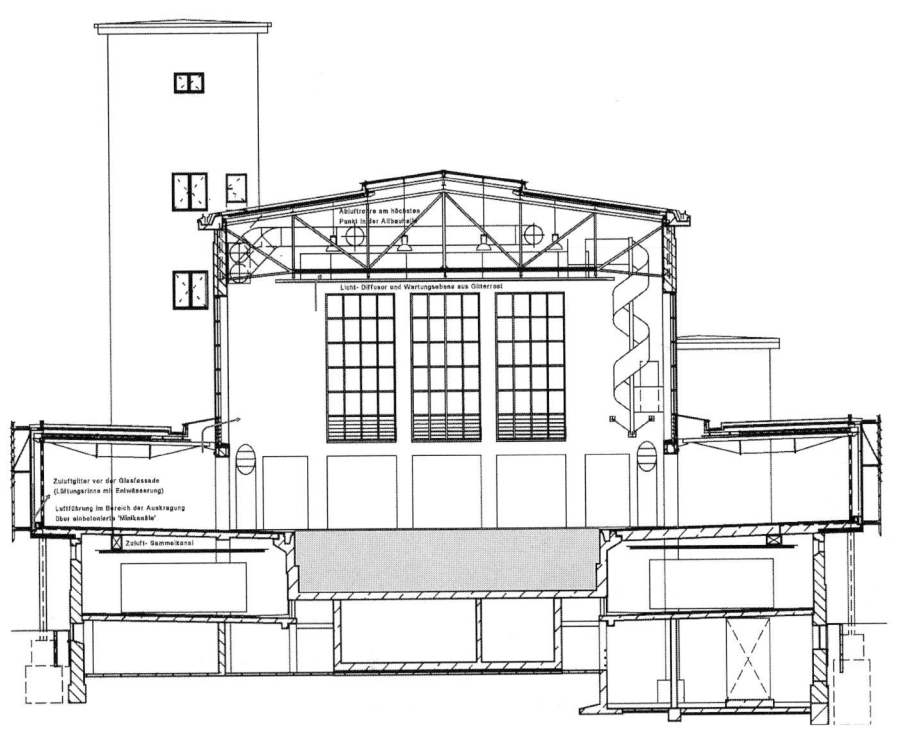

Querschnitt mit Lüftungskonzept | *Cross section showing the ventilation system* 1 : 300

Von den Hauptbecken aus ist die historische Struktur mit den quadratischen, fabrikähnlichen Fenstern noch zu erkennen. Der strenge Innenraum erinnert an eine Kunsthalle mit lebenden Objekten. Der Schwimmbadbesucher als Ausstellungsobjekt – dieses Gefühl mag so manchen Badenden beschleichen, während er sich im warmen oder kühlen Nass bewegt.

The historic structure with square, factory-like windows can still be seen from inside the main pool. Its Spartan looking interior is reminiscent of an arts museum with live objects. The pool visitor as an exhibit - that thought may well cross the mind of many a swimmer when splashing around in the warm or cool element.

Eingangshalle mit Kassentheken | *Entrance hall with ticket kiosk*

Anschluss der Schwimmhallenfenster an die historische Glasunterdecke im Vestibül
Visual link between pool windows and the historic glass ceiling in the vestibule

STADTBAD SCHÖNEBERG IN BERLIN

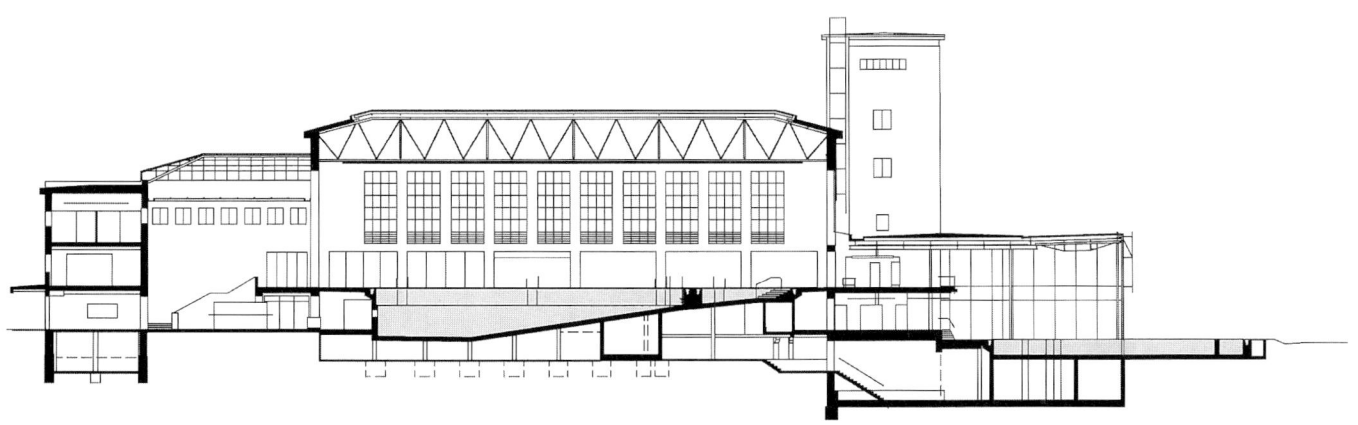

Längsschnitt | *Longitudinal section* 1 : 600

Schwimmhalle im 1. Obergeschoss | *Main pool on the 1st floor*

Sporthalle in Losone, Schweiz
Sports hall in Losone, Switzerland

Architekt:
Livio Vacchini, Locarno, Schweiz

Mitarbeit:
Mauro Vanetti, Marco Azzola

Fotos:
Alberto Flammer

Nachtansicht | *Nighttime view*

Der Auftrag sah eine Sporthalle mit drei Plätzen vor, wie man sie überall in der Schweiz findet. Der einzige Unterschied, wenn überhaupt, lag in der Interpretation, die ich dem Projekt zu geben versuchte.

Die räumlichen Anforderungen waren äußerst großzügig, vielleicht weil die Halle ausschließlich für sportliche Zwecke zur Verfügung stehen sollte, oder weil sie von der Armee genutzt werden sollte, oder weil keine besonderen Anforderungen städtebaulicher oder ökologischer Art vorlagen, oder ganz einfach weil es kein öffentliches oder kommunales Projekt war.

Als ich anfing, mich mit den Bedingungen für dieses Projekt zu beschäftigen, wurde mir klar, dass dies ein großer, offener, rechteckiger Raum sein musste, ohne Orientierung und ohne Nebenflächen. Indem ich mich allmählich in die Vision eines derart archaischen und strengen Raumes vertiefte, begann ich meiner Idee konkrete Formen zu geben; die Idee eines in Struktur und Lichteinfall durchaus rationalen Raumgebildes. Erst später wurde mir bewußt, dass die Gestalt der Sporthalle der eines Dolmen glich, indem nämlich eine Wand die ganze Platte trägt: Stein trägt Stein.

Lassen Sie mich hierzu einen Abschnitt aus Choisys Geschichte der Architektur anführen, um diese zugrundeliegende Idee zu erklären: »Alles in allem ist ein Dolmen eine künstlich erschaffene Grotte und besteht aus zwei Reihen von Steinblöcken, die eine große Platte tragen; oder anders, in seiner einfachsten Form ist es eine flache Steinplatte, die auf zwei Steinpfeilern ruht. Es ist die ursprünglichste Form eines von Menschen geschaffenen, monumentalen Bauwerks«.

Die Gestalt der Sporthalle von Losone ist aber gleichzeitig ein Produkt heutiger fortschrittlicher Technik. Wenn sie also an frühgeschichtliche Architektur erinnert, so deshalb, weil das zugrundeliegende architektonische System das gleiche ist wie jenes der Steinzeit.

Die Sporthalle in Losone kommt ohne Architrave aus, und die

The program requirements called for a gymnasium equipped with three courts, such as are found throughout Switzerland. What differs in the outcome, if anything, is in the interpretation I attempted to give to the program. The spacial requirements were extremely generous, perhaps because it was to be used solely for sports purposes, because it is for use by the military, or because there were no decisive urban environmental or local conditions, or again because it was not a public works project.

As I began to consider the conditions of the project, it became clear that this was to be a large, open rectangular space without orientation and free of any service area. By beginning from the vision of such an absolutely elementary and rigorous space, it became possible to concretise the idea of a constructural system which would be thoroughly rational both in structure and in the admission of light. Only later did I realise that the structure of the Gymnase was precisely that of a dolmen, with one wall supporting one slab, or stone supporting stone.

Let me cite a passage from Choisy's History of Architecture to clarify this basic concept: »A dolmen, which is in sum a constructed cavern, consists of two rows of blocks supporting a large slab; in other words, the basic form is that of a flat block of stone resting on two stone pillars. This is the earliest type of monumental construction created by human beings.«

The form of the Losone Gymnase is at the same time a product of today's most advanced technology. If it recalls ancient architecture, that is because its basic architectural system is the same as that used on the stone age.

The Losone Gymnase is built without the use of architraves and as much of the walls are open as the structure will permit. Light is admitted all the way to the top of the space, flowing in through the outlines of the structure. Light and shade are an expression of the

SPORTHALLE IN LOSONE

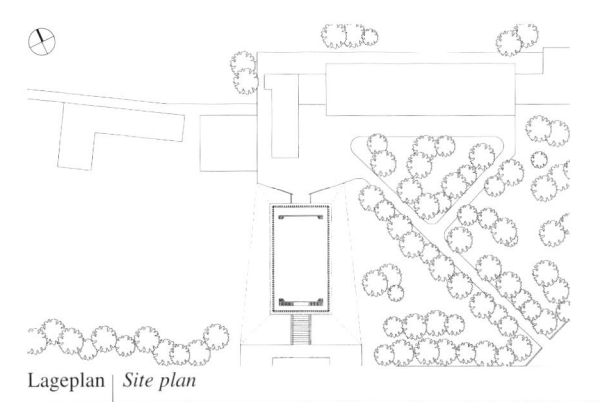

Lageplan | *Site plan*

Südwestecke | *Southwest corner*

Eingang Südseite | *Entrance south side*

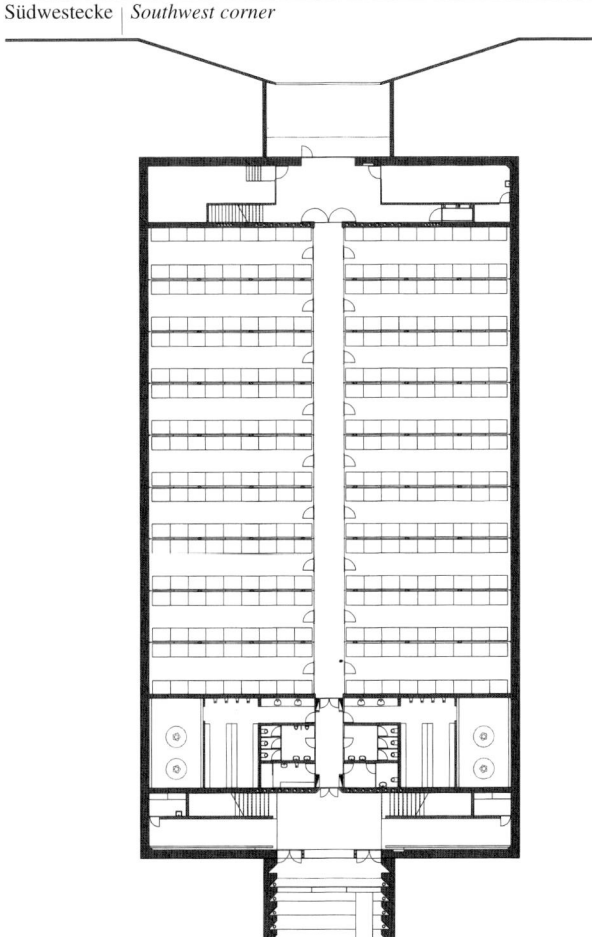

Grundriss Untergeschoss | *Floor plan basement* 1 : 600

Grundriss Erdgeschoss | *Ground floor plan* 1 : 600

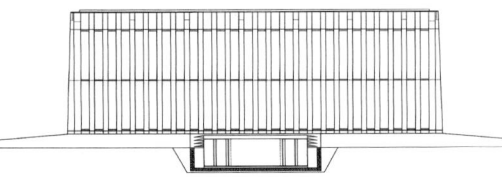

SPORTHALLE IN LOSONE

Ansicht von Süden | *South elevation* 1 : 500

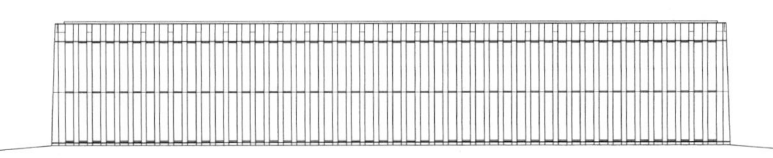

Ansicht von Osten und Westen | *East and west elevations* 1 : 500

Wandflächen sind in dem Maße offen, wie die Konstruktion es zu lässt. Durch die Umrisse der Struktur flutet Licht bis zur vollen Höhe des Raumes ins Innere. Ja, Licht und Schatten sind selbst Ausdruck des sich ständig wandelnden Raumes. Der Fußboden sammelt und verstärkt das Licht, und auch die Außenflächen dienen demselben Effekt.

Im unvorhersagbaren Dialog mit der Natur schaffen die endlosen Variationen des Sonnenlichts Zustände, deren unwägbaren, unzähligen Konstellationen und Wiederholungen alle Fantasie übersteigen. Dies ist ein Wunder der Bewegung. Niemand könnte die daraus entstehenden Effekte zuvor berechnen oder voraussagen.

Wenn am Anfang der Planung und Gestaltung dieses Gebäudes die Theorie stünde, und wenn die in ihrer Realisierung erzielten Wirkungen nichts anderes wären als Ausdruck der funktionalen Bedeutung dieser Theorie, dann müßte der Endzweck darin liegen, ein Gebäude zu gestalten, welches den Hauptzielen Ausdruck verleiht und die allgemeinen Anforderungen an das Vorhaben erfüllt. Bei diesem Projekt hatte die Theorie die Aufgabe, etwas zu gestalten und dabei gleichzeitig vorauszusehen, wie eine bestimmte Reihe von Phänomenen, wie sie in einer Welt voller Überraschungen auftreten, in dem Projekt intervenieren könnten. Architektur ist keine Wahrheit a priori, doch eine Wahrheit, die immer auf das Objekt gegründet ist. Wäre es nicht möglich, Architektur zu definieren als die »geordnete Wahrnehmung konkreter Tatsachen«? *Livio Vacchini*

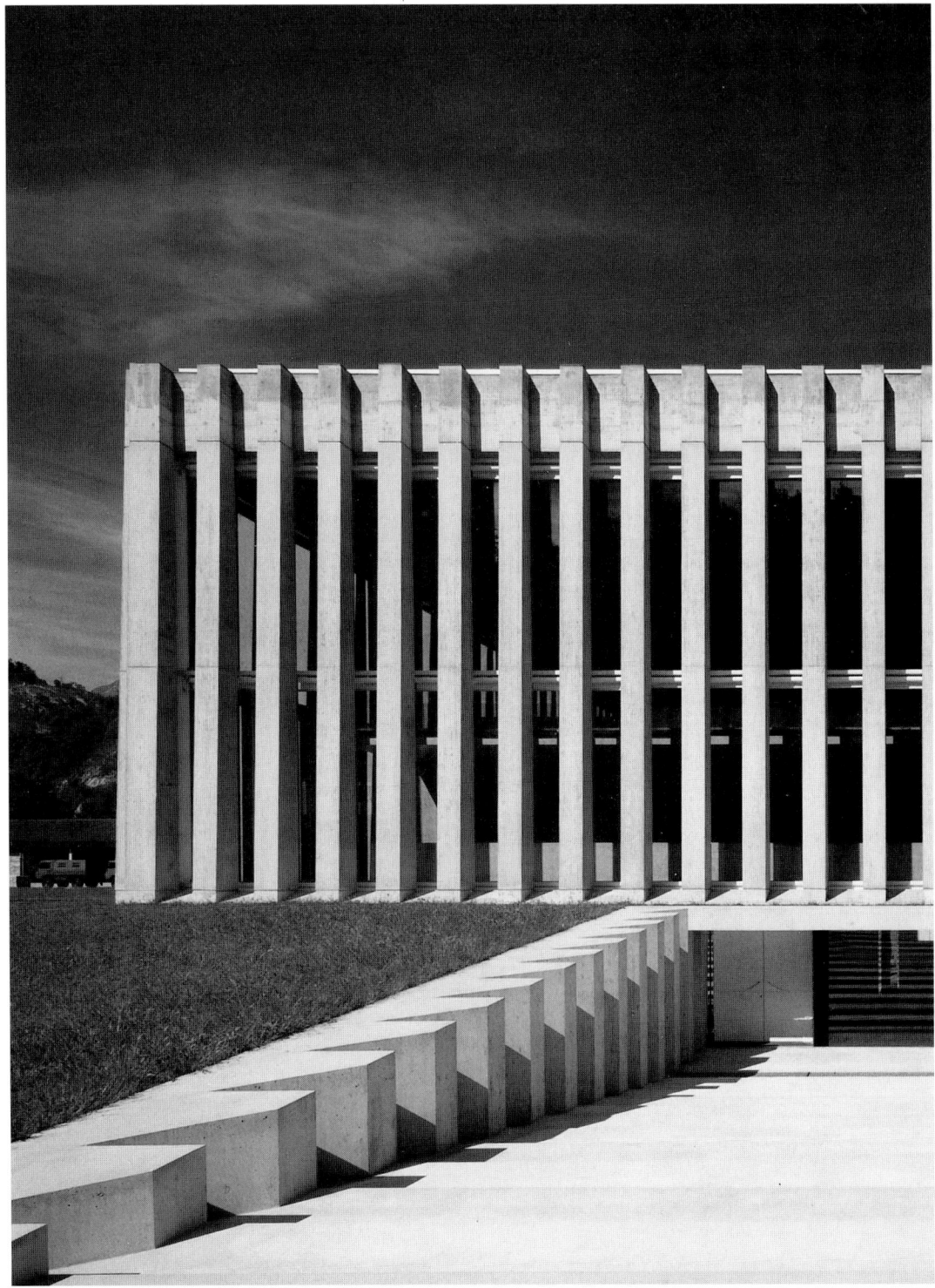

Eingang Südseite | *Entrance south side*

SPORTHALLE IN LOSONE

Querschnitt | *Cross section* 1 : 500

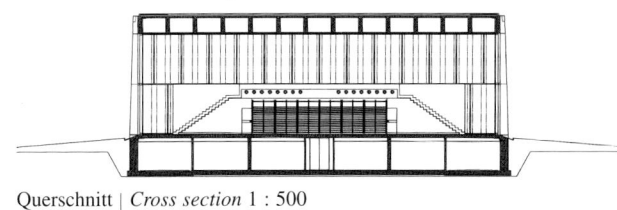

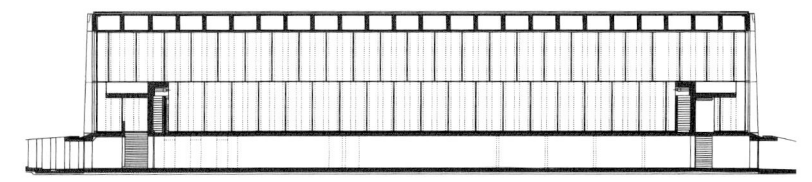

Längsschnitt | *Longitudinal section* 1 : 500

changes in the space itself. The floor inside gathers and amplifies the light and the grounds outside serve the same effect. The variations in sunlight create situations which cannot be imagined in their unquantifiable and countless immobilities and repetitions in unpredictable dialogue with nature. This is a miracle of action. No one could calculate or anticipate the effects which result.

In the creation of this building, if theory offered the first word and the effects of realisation were no more than the expression of the functional meaning of the theory, then the actual result would be to undertake a building which expressed the chief goals and satisfied the general requirements of the program. In the case of this work, theory had the task of designing while anticipating how a concrete series of phenomena occurring in the world and filled with surprise could intervene in the work. Architecture is not a priori truth, but a truth always grounded on the object. Cannot architecture, as with science, be defined as the »organised observation of concrete facts«?
Livio Vacchini

SPORTHALLE IN LOSONE

Das Tragwerk dieses archaisch anmutenden Quaders ist ein allseitig randgestützter Rost aus Stahlbetonträgern. Wäre das Gebäude quadratisch, beteiligten sich beide Tragrichtungen gleichmäßig an der Lastabtragung. Beim Rechteck aber wird – wie der nebenstehende Vertikalschnitt zeigt – die Längstragrichtung durch Spannglieder unterstützt. Sehr schön ist der ringsum vorhandene gleichmäßige Einfall des Tageslichts. Die räumliche Tiefe des außen liegenden Tragwerks erlaubt den Verzicht auf zusätzliche Sonnenschutzmaßnahmen. Schallschluckende Paneele in den Deckenfeldern kompensieren die schallharten Oberflächen der Glasfassaden.

The loadbearing structure of this archaic looking cuboid is composed of an all-round grid of reinforced concrete buttresses. Had the building been square the load would have been equally distributed in both directions. The rectangular shape, however, required additional lateral tendons, as illustrated by the vertical section opposite. A most pleasant effect is the even illumination by daylight from all sides. Owing to the depth of the exterior buttresses additional sun protection could be dispensed with. Sound absorbent ceiling panels compensate for the acoustically hard surfaces of the façade glazing.

Innenraumeindruck | *Interior view*

Treppenfitness | *Fitness in steps*

SPORTHALLE IN LOSONE

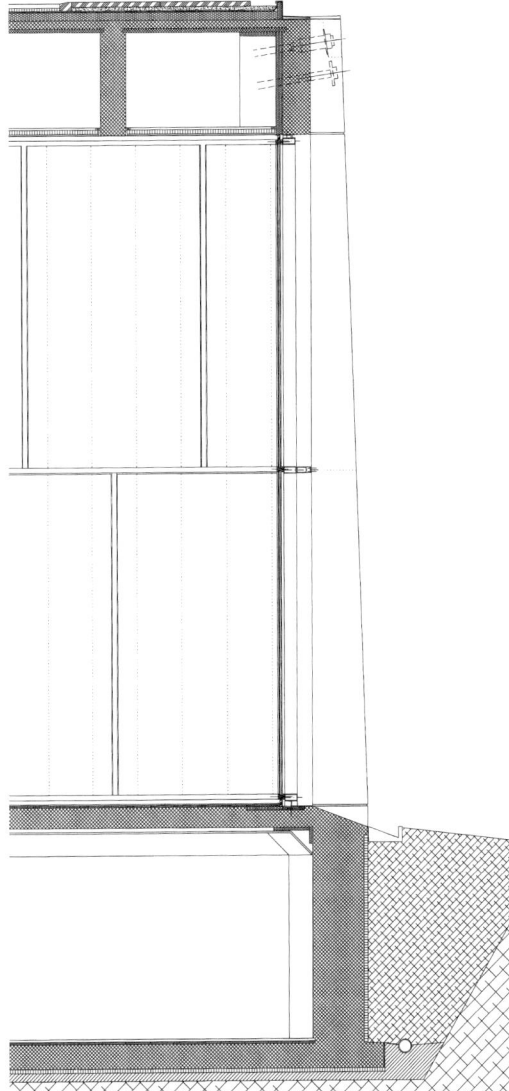

Vertikaler Fassadenschnitt
Vertical section through façade 1 : 80

Schattenspiel der Fassade | *Patterns of light and shade on the façade*

DIE PERSÖNLICHE SEITE VON AW

Unsere Fragen an Roland Ostertag, Stuttgart

Ihr gelungenstes Objekt?

Das Bosch-Areal in Stuttgart.

Der architektonische Flop der letzten Jahre?

Die Kulissenarchitektur überall, vor allem in Berlin.

Ein Meisterwerk der letzten Jahre?

Die Bauten von Peter Zumthor.

Die tiefgreifendste städtebauliche Fehlplanung in einer deutschen Großstadt?

Stuttgart 21

Das ergreifendste Raumerlebnis?

Ein Spaziergang zum Beispiel durch Barcelona oder Edinburgh.

Welches Gebäude beeinflusste Sie in Ihrer Entwicklung am stärksten?

Der Reichspavillon in Barcelona von Mies van der Rohe.

Ihr Vorbild?

Le Corbusier, Alvar Aalto und Mies van der Rohe.

Ihr Lehrmeister?

Im politischen Bereich: Gustav Heinemann.

Der bedeutendste Architekt der Gegenwart?

Alvaro Siza

Der bedeutendste Künstler?

Marc Rothko

Wo steht Ihr Traumhaus und wer hat es entworfen?

Das Robie House in Chicago von Frank Lloyd Wright.

Wo möchten Sie leben?

Da, wo ich im Moment lebe: in und um Stuttgart.

Die derzeitige Hochburg der Architektur in Europa?

Spanien

Ihre Meinung zu Losverfahren bei Architektenwettbewerben?

Ein absurdes und qualitätsverhinderndes Verfahren.

Was ist eine offensichtliche Fehlentwicklung im Bauwesen?

Der Rückzug der öffentlichen Bauherren und der gleichzeitige Vormarsch der Investoren und Spekulanten.

Die dringlichste Reform der Bundesregierung?

Die Förderung von Qualität auf allen Ebenen.

Ihr Tipp an den Nachwuchs?

Qualität zu schaffen, sie zu fordern und sich für sie einzusetzen.

Ihr schönstes Richtfest?

Bei zwei bis drei kleinen Rathäusern, wie zum Beispiel Bad Friedrichshall.

Ihre bevorzugte Bauweise?

Materiell gibt es keine; wichtig sind mir Offenheit und das Vermeiden von Bevormundung.

Ihr Lieblingswerkzeug?

6 B-Bleistift und Transparentpapier.

Ihre Lieblingsbeschäftigung?

Entwerfen von Architektur und Texten.

Ihr Lieblingsmaterial?

Gibt es nicht.

Ihre Lieblingsfarbe?

Schwarz-Weiß-Blau

Ihr größter Fehler?

Ungeduld

Ihre größte Tugend?

Zuhören können und kritisch-konstruktive Zusammenarbeit.

Architekten sind ...

... Idealisten, Optimisten, häufig Umweltverschmutzer und Scharlatane.

Das Verhältnis zwischen Architekten und Ingenieuren ist ...

... für das Gelingen eines Baus von enormer Bedeutung.

Ihr Hauptanliegen?

Sich für Qualität einzusetzen.

Ihre Devise?

Schau auf zu den Sternen – hab acht auf die Gassen.

Der größte Blödsinn unserer Zeit?

Immer weniger auf Werte und immer mehr auf Preise zu achten.

Wodurch entspannen Sie sich?

Lesen und Wandern

Ihr Traum vom Glück?

Ein Wolken-Kuckucksheim

Ihre gegenwärtige Geistesverfassung?

Zwischen Skepsis und Hoffnung.

Ihr Erfolgsgeheimnis?

Oh, wenn ich das nur wüsste!

DIE PERSÖNLICHE SEITE VON AW

Biografie
1931 geboren in Ludwigsburg
1951–56 Architekturstudium an der TH Stuttgart
Seit 1957 selbstständiger Architekt in Stuttgart
1958–66 Korrekturassistenz bei Professor Rolf Gutbrod an der TH Stuttgart
1969–97 ordentlicher Professor am Institut für Entwerfen und Gebäudelehre an der TU Braunschweig
1980–90 Gutachter der Deutschen Forschungsgemeinschaft
Seit 1982 Bürogemeinschaft mit Johannes Vornholt
1990–95 Gründung des Architekturforums Dresden
1993–96 Präsident der Bundesarchitektenkammer
1995–2000 Mitglied des Kuratoriums der Internationalen Bauausstellung IBA-Emscher Park

Wichtigste Auszeichnungen
Seit 1960 diverse nationale und internationale Preise und Auszeichnungen; fünf Gebäude stehen unter Denkmalschutz
1987 Doppelinstitut der TU Berlin; Deutscher Architekturpreis mit Bayerer, Fesel, Hecker

Ausstellungen
1985–90 Detail am/im Bau
1993 WasserZeichen, Wasser in der Stadt Braunschweig
1995–98 »Gasbehälter« in Dresden, Berlin, Gelsenkirchen, Stuttgart

Literatur
1985–97 Diverse Veröffentlichungen der Deutschen Forschungsgemeinschaft
1996 Stuttgart – wohin?, Karl Krämer Verlag Stuttgart

Wichtigste Realisierungen und Projekte
1961–67 Rathaus Kaiserslautern
1961–70 Stadtzentrum/Rathaus Bad Friedrichshall
1975–80 Gemeindezentrum mit Kirche in Lech am Arlberg
1975–87 Ausbau-Planung TU Berlin
1980–84 Schauspielhaus Stuttgart
1990 Tierärztliche Hochschule Hannover
1990 Sozialamt der Deutschen Bundespost in Stuttgart
1992 Stadtmitte-West, Stuttgart, Wettbewerb 1. Preis
1995 Fachhochschule Hannover
1997 Steuerberaterkammer Stuttgart
1997 Berufsschule Schwäbisch-Gmünd
1997–2001 Bosch-Areal Stuttgart

»Nüchtern ist festzustellen: Demokratie ist keine Hoch-Zeit für Architektur. Wie soll es denn (auch) möglich sein, dass in einer Lebens- und Regierungsform, die darauf beruht, die darauf angelegt ist, ihre Stabilität immer wieder neu auf Zeit zu gewinnen, dass es dem stabilen Element Architektur möglich ist, dieses Suchen und Finden durch ewig währende Symbole zum Ausdruck zu bringen? Nichts könnte dies deutlicher zum Ausdruck bringen als der Vergleich des neuen überinstrumentierten, ja überkonstruierten Bundeskanzleramtes mit den bescheidenen phantasiereichen fünf Botschaften der Nordischen Länder. Diese sind ein glänzendes Beispiel einer Haltung, die weder pure Nutzung noch isolierte Ästhetik, sondern eine zivile Lebensform zur Anschauung bringen will. Damit stehen sie in einer Tradition, die immer noch nicht befriedet, nicht eingelöst wurde. Deshalb sprechen wir von der unbefriedeten Tradition der Moderne. Im Gegensatz zur befriedeten Tradition, die schon immer Kultur, auch Baukultur, als etwas von der Zivilisation Abgespaltenes, Abgehobenes, als Sache des Sonntags, des Feiertags, der Eliten, der Wissenden ansieht.

Die unbefriedete Tradition, sie liefert kein bestimmtes, kein vorgefasstes Formenrepertoire, auch nicht den Weg dorthin. Bescheidenheit, Einfachheit, Angemessenheit ist kein Ziel in/an sich, sondern ein Handlungsprinzip, eine Haltung. Sie gibt keine Antwort auf die immer wieder gestellte Frage: Welche formale Richtung ist augenblicklich gefragt? Die Antworten sind »keine Sonder-Meldung mit Wagner-Fanfare«, keine Weltereignisse, keine Generalordnungen, nicht auftrumpfende Ästhetik, keine ästhetischen Eruptionen, die doch nur (die) Architektur zerstören, auch keine Wiederholungen eines persönlichen formalen Repertoires.

Wir sind aufgefordert, uns weiterhin auf die Suche zu begeben
– nach Möglichkeiten räumlicher Gestaltung als Ausdruck unserer demokratischen Lebensform;
– nach einer sozial begründeten und verbindlichen Kultur auch im Bauen;
– nach allgemeingültigen anstelle von gleichgültigen Formen der Architektur als Zeichen der Beseelung von Umwelt;
– nach der Stadt als gesellschaftliches Versprechen;
– nach dem immer wieder geforderten »Eigentlichen«.

Die dabei entstehenden Formen lassen sich nicht kopieren, nicht übertragen. Diese Haltung, Betrachtungsweise, Methode schon eher.

Kultur, sofern sie Kultur sein soll, hat stets mit Freiheit, mit Offenheit zu tun, unterwirft sich keinem Komment, keiner Bevormundung.«

Steuerberaterkammer Stuttgart, 1997

Bosch-Areal Stuttgart, 1997 – 2001

Eigenes Wohnhaus in Stuttgart, Sanierung, 1990

Sozialamt Deutsche Bundespost in Stuttgart, 1990

Schauspielhaus Stuttgart, 1980 – 1984

Rathaus Kaiserslautern, 1961 – 1967

ZUM THEMA

Der Spaßfaktor bei Sport und Freizeit
Hat Architektur auch Spaß zu bieten?

Von Andreas Theilig

Mit Licht inszenierte Räume, Bad Colberg

Mit Spaß besuchte Räume, Vals

• Das Sport- und Freizeitbad in Thüringen nimmt das Märchen von Käpt'n Blaubär zum atmosphärischen Hintergrund und dekoriert die dort entliehenen Figuren aus Pappmaché und Gummi – primitiv, aber wirkungsvoll.
• In anderen vergleichbaren Einrichtungen bringen tropische Wälder Stimmung in die nebligen Donau-Auen, Palmen aus Gummi und Felsen aus Dekorfelsen bilden den Hintergrund eines erfolgreichen Badekonzeptes.
• Das Eislaufen in Stuttgart-Degerloch wird erst dann richtig gut, wenn die Rhythmen der Spice Girls und Oli P. in ausgewogener Mischung mit Pommes frites und Fertigpizza-Ständen das Ambiente einer Freiluftdisco erreichen.

Allen Beispielen gemeinsam ist die Belanglosigkeit der Architektur. Innenräume entstehen nicht aus dem Ort und aus dem Anlass, sondern werden aus anderen Zusammenhängen, vermeintlich erfolgreicheren, importiert. Das Gebäude degeneriert zur Witterungshülle und sorgt mit seiner innenräumlichen Dekoration für jegliche Nutzungmöglichkeit.

Für Außenräume interessiert sich schon gar keiner. Die Forderung nach ebenerdigen Parkplätzen bestimmt das »aussagelose« Umfeld. Die Werbewirksamkeit der äußeren Figur wird durch überdimensionale Figuren, Stelen oder Schriftzüge, unabhängig von der Architektur, erreicht.

Auf der anderen Seite:
• Schlaffe, bleiche Leiber mit schwarzen Badeanzügen und auffällig beränderten Brillen wandeln mit schlechter Haltung, aber ehrfürchtig durch die kargen Steingeometrien der Therme des Architekten Zumthor in Vals. Die wenigen anderen Menschen sind eher störend laut und offensichtlich uninformiert über die Lust, die es hier zu gewinnen gilt.
• Das Museum für Kunsthandwerk von Richard Meier am Frankfurter Mainufer ist nun seit Jahren Pilgerstätte für Architekten und Architekturinteressierte. Ein bemerkenswerter Entwicklungsschritt der Architektur, der aber Inhalt und Anlass des Museums so weitgehend ausschließt, wie eine nicht »architektische« Öffentlichkeit.

Um Missverständnisse zu vermeiden, möchte ich betonen, dass beide Beispiele architektonisch wichtige, in ihrer Reduktion auf wenige Themen konzeptreine, stilistisch präzise Übungen sind. Die Reduktion auf wenige Themen führt aber auch zur Reduktion auf wenige geschulte Menschen. Architektur interpretiert den Ort und thematisiert den Anlass. Sport und (kulturelle) Freizeit werden in intellektueller Reduktion zum elitären Vergnügen.

Wenn es richtig ist, dass Architektur nicht nur Entwicklungsleistung für das Neue und Besondere ist, sondern Architektur das Neue und Besondere auch für jeden Tag und Jedermann umsetzen will, so kann man mit den oben dargestellten Beispielen nicht zufrieden sein. Die dargestellte Zweiteilung der Welt in Klamauk und kultivierte Freizeit bedeutet auch, dass die Architekten für den Teil »Klamauk« oftmals keinen Beitrag haben. Und das ist der größere Teil der beiden.

Denn, machen wir uns nichts vor, für viele Investoren in Sport und Freizeit ist Architektur und sind architekturbewusste Architekten nur im Weg, machen das Erreichen des eigentlichen Ziels nur unnötig umständlich. Architektur verkommt zum gehorsamen Erfüllungsgehilfen einer anderen Disziplin.

Ich glaube, anspruchsvolle Architektur und populäres Vergnügen dürfen sich gegenseitig nicht ausschließen. Hier darf nicht ein Entweder (Klamauk) – Oder (Architektur) entstehen. Dazu muss die Architektur alle Aspekte in ihre Diskussion miteinbeziehen. Auch solche, die zunächst unappetitlich klingen, hierfür sei die Existenz des Zusammenhangs zwischen Herstellkosten, Betriebskosten und erzielbaren Erträgen als ein Beispiel genannt, der sich in einer knapp kalkulierenden Branche im Regelfall nicht ersetzen lässt.

Auch ist Spaß zunächst einmal ein positiver Aspekt. Auch dann, wenn er nicht in allen Ebenen intellektuell durchdrungen ist.

ZUM THEMA

**Themenvorschau / *Preview subjects*
AW Architektur + Wettbewerbe 2002
*AW Architecture + Competitions 2002***

**Einfamilienhäuser
*One-family houses***
AW Architektur + Wettbewerbe 189
AW Architecture + Competitions 189
erscheint/*published* März/*March 2002*

**Industriebauten
*Industrial buildings***
AW Architektur + Wettbewerbe 190
AW Architecture + Competitions 190
erscheint/*published* Juni/*June 2002*

**Appartementhäuser
*Apartment buildings***
AW Architektur + Wettbewerbe 191
AW Architecture + Competitions 191
erscheint/*published* September 2002

**Friedhofsanlagen und Krematorien
*Cemeteries and crematoriums***
AW Architektur + Wettbewerbe 192
AW Architecture + Competitions 192
erscheint/*published* Dezember/*December* 2002

Mit Transparenz gestaltete Verbindungen, Bad Colberg

Die Reduktion, auch auf wenige Elemente, ist ein wichtiges, stilistisches Mittel, aber oftmals entspricht es im Ergebnis nicht den Anforderungen eines vielfältigen, für eine Vielzahl von Menschen auch spannenden Erlebnisses.

Architektur muss ihre Qualitäten in das Freizeiterlebnis einbringen. Dazu müssen Raum, Licht, Akustik, Material, Textur, Farbe inszeniert werden als integrierte und nicht aufgesetzte Bestandteile eines Gebäudekonzeptes.

Architektur darf in Teilen auch temporärer sein. Der Wechsel in Sport- und Freizeitwelten ist schneller als die Lebensdauer von Gebäuden dies zunächst zulässt. Konzepte, welche Teile des Gebäudes reversibel, ergänzbar und veränderbar machen, scheinen richtig.

Selbstverständlich gibt es eine ganze Reihe von gelungenen Beispielen aus den vergangenen Jahren, welche in oben genanntem Sinne als Architekturen erfolgreich waren. Meine Diskussion hat versucht, auf einen latenten Konflikt hinzuweisen und diesen überspitzt darzustellen.

Jahrelang habe ich das Olympiastadion in München der Architekten Behnisch & Partner als besonders gelungenes Beispiel für die Übereinstimmung zwischen architektonischen Überlegungen und einem Beitrag für Freizeitspaß für ein breites Publikum gesehen. Inzwischen musste ich lernen, dass dies zum Teil nicht mehr stimmt. Vielleicht ist aber auch die extreme Aufgabenstellung einer spaßbetonten Freizeitgesellschaft überzogen. Das neue Parkstadion in Gelsenkirchen – so befürchte ich – wird weder in seiner äußeren Erscheinung, noch vom Charakter seiner Veranstaltungen ein beispielhafter Beitrag auf Dauer sein – so, wie es das Olympiastadion in München war und ist.

WETTBEWERB 1. PREIS

Irischer Sport Campus in Dublin
Sports Campus Ireland in Dublin

Wettbewerbsart
Internationaler, zweistufiger, begrenzt offener Realisierungswettbewerb

Auslober
Republic of Ireland vertreten durch die »Campus and Stadium Ireland Development Limited (CSID)«

Preisgerichtssitzung
8. Januar 2001

Beteiligung
14 Arbeiten

1. Preis
Behnisch, Behnisch & Partner, Stuttgart
Prof. Dr. E. h. Günter Behnisch,
Stefan Behnisch,
Günther Schaller
Mitarbeit: Eberhard Pritzer, Michael Holms Coats

2. Preis
Percy Johnson-Marshall & Partners, London

Fachpreisrichter/innen
David Mackay, Barcelona, (Vors.)
David O'Connor, Fingal County
Michael O'Doherty, Dublin
Séan Benton, Dublin
Paddy Teahon, Dublin
Laura Magahy, Dublin
Ciaran McGahon, Dublin

Aus der Wettbewerbsaufgabe
Das zur Neuplanung ausgeschriebene Gebiet umfasst 202 Hektar und liegt westlich von Dublin in der irischen Stadt Abbotstown. Circa zwölf Kilometer vom Stadtzentrum Dublins entfernt sollen Sportstätten mit Ausbildungszentren nach internationalen Richtlinien für sportliche Talente entstehen. Die Kapazität wird auf 80 000 Besucher je Veranstaltung ausgelegt. Gleichzeitig ist der neue Stadtteil als Anziehungspunkt und Naherholungsgebiet auch in der veranstaltungsfreien Zeit für die Bevölkerung vorgesehen. Ein attraktives Erscheinungsbild soll zu wirtschaftlichem und sozialem Aufstieg in diesem Gebiet beitragen. Mit einem ökonomischen Nahverkehrssystem ist das Zentrum an die Umgebung anzuschließen. Der Auslober plant ein Vorzeigeobjekt für den internationalen Sport in Irland.

Aus der Preisgerichtsbeurteilung
Die Umsetzung des Sport Campus in die vorgegebene landschaftliche Struktur wurde mit großer Sorgfalt und Verständnis für das geforderte Raumprogamm geplant. Anhand von verschiedenen, klar definierten »Zonen« wird die Gliederung und weitere Entwicklung des Gebiets sehr anschaulich aufgezeigt. Positiv wurde die Wahl des Verkehrsausgangspunktes bewertet. Der Bedarf eines Campus sowohl für Sportler als auch für Bewohner als Naherholungsgebiet auch außerhalb von Veranstaltungen wurde eindeutig verstanden und in den Entwurf integriert. Das Geschäftszentrum, ausschließlich für artverwandte Einrichtungen, bedarf dahingegen noch intensiverer Entwicklung.

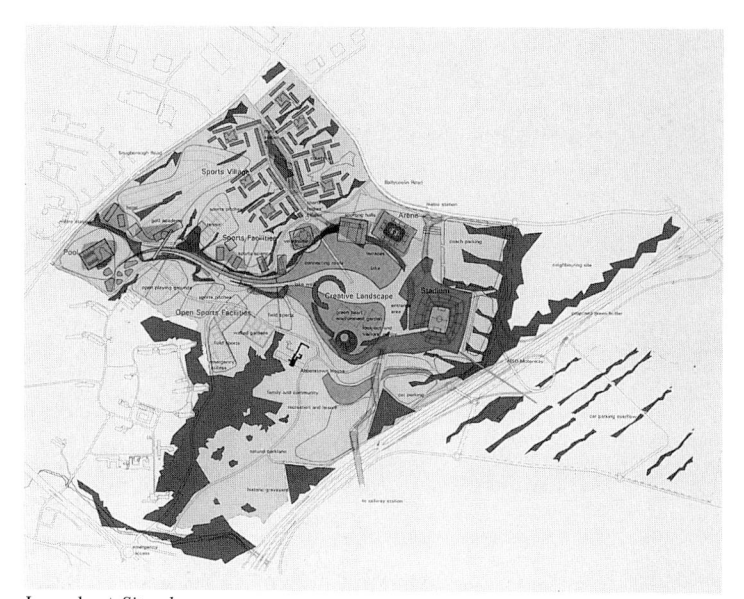

Lageplan | *Site plan*

The competition site of 202 hectares is situated in Abbotstown, some 12 kilometres west of Dublin city centre. The plan is to build sports venues and training centres to international standard for talented athletes. The complex is designed to cater for 80 000 visitors per event. Outside the season of sports events, the new suburb is also intended to serve as a major attraction and recreation area for the wider population. Its general appeal and attractive appearance should also contribute to social and economic development in the region. An efficient regional transportation system will link the centre with its immediate and wider surroundings. The competition organisers want to create a prestige venue for international sports in Ireland. Great care and understanding has been shown in integrating the sports campus with its high demand on space into the surrounding landscape. Various clearly defined »zones« illustrate the underlying structure and further development of the complex. The adjudicators also noted as another positive aspect the consideration given to transportation infra-structure. The design recognises and meets the demands of sports people as well as those of the wider public who expect recreation facilities to be within easy reach and available outside the sports season. However, the business district which is intended only for germane operations still requires extensive development.

COMPETITION FIRST AWARD

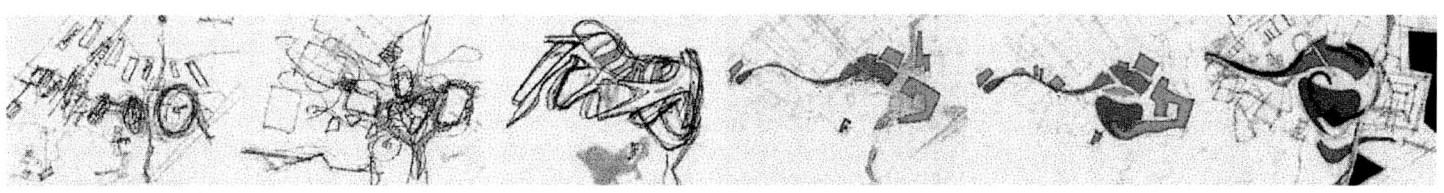

Konzept | *Concept studies*

1 Geschäftszentrum
2 Stadion
3 Sportstätten
4 Öffentliche Sportstätten
5 Hotels
6 Sportmuseum
7 Einkaufszone

1 Business district
2 Stadium
3 Sports facilities
4 Public sports facilities
5 Hotels
6 Sports museum
7 Shopping precinct

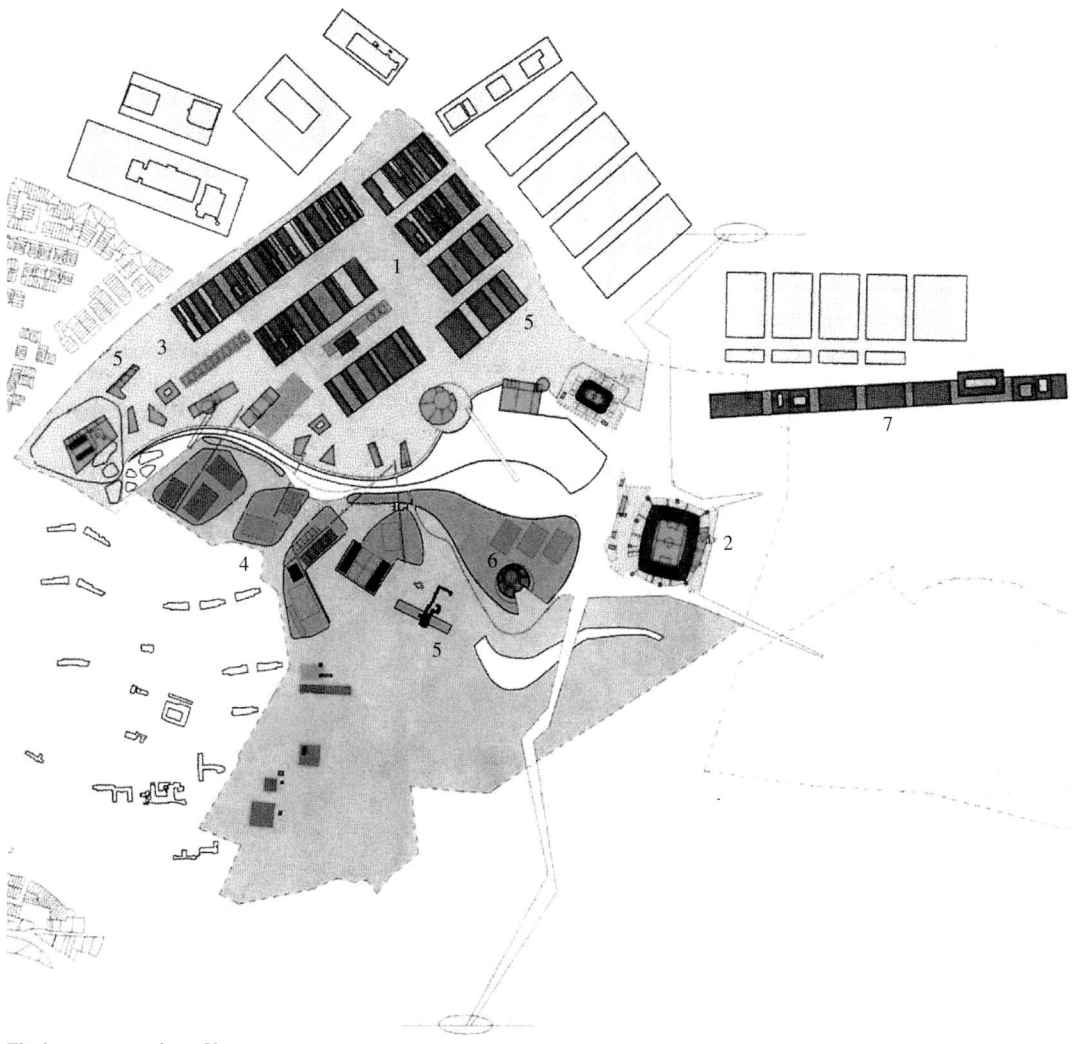

Flächennutzungsplan | *Usage*

Schnitt durch Stadion und Besucherzentrum | *Section through stadium and visitors centre*

WETTBEWERB 1. PREIS

Freizeitbad Kallebad
Swimming pool and leisure facilities »Kallebad«

Wettbewerbsart
Einstufiger, begrenzt offener Realisierungswettbewerb mit Auswahlverfahren und sechs Einladungen

Auslober
Landeshauptstadt Wiesbaden

Preisgerichtssitzung
9. August 2001

Beteiligung
26 Arbeiten

1. Preis
ARGE Helmut Deutschle/ Dasch, Zürn, von Scholley, Stuttgart
Mitarbeit: Frederike Kanus

2. Preis
Architekturbüro PHS, Greifswald
Mitarbeit: Janine Kettels, Frank D. Stucken

3. Preis
Hufnagel, Pütz, Rafaelian, Berlin
Mitarbeit: Anne Kirsch, Christian A. Müller, Jürgen Reisch, Stephanie Winkler, Monika Jagielska, Emma Rave

4. Preis
Peter Seifert + Anne Hugues, München
Mitarbeit: Martin Wissmann

Fachpreisrichter
Fred Angerer, München (Vors.)
Jens Backhaus, Dillenburg
Hans Helling, Wiesbaden
Carlo Weber, Stuttgart
Tobias Wulf, Stuttgart

Aus der Wettbewerbsaufgabe
Die Landeshauptstadt Wiesbaden betreibt gegenwärtig fünf Hallen- und vier Freibäder unterschiedlicher Schwerpunkte. Als Ersatz für das vorhandene Hallenbad soll nun ein neues Freizeitbad beim bestehenden Freibad Kallebad errichtet werden. Das Freibadgelände ist circa 4,5 Hektar groß, die Topografie ist nach Süden hin leicht abfallend. Mit zunehmender Bedeutung der individuellen Freizeit und wachsenden Ansprüchen haben sich die Anforderungen der Nutzer an die Bäderkultur gewandelt. Die Mehrzahl der Besucher erwartet daher heute »Freizeitatmosphäre« in ansprechender Architektur, verbunden mit Angeboten zum Freizeitvergnügen rund um das Element Wasser.

Aus der Preisgerichtsbeurteilung
Durch eine konsequent durchgehaltene Baustruktur, die das Prinzip fließender Räume und Schichten kultiviert, entsteht eine beeindruckende Bauanlage von besonderer Eigenart und gestalterischer Qualität. Diese äußert sich sowohl in der Gliederung der Massen, im Aufbau der Schichten, in der Lichtführung und im Übergang ins Gelände. Es entsteht hohe räumliche Qualität, den klar orthogonal geordneten Funktionsbereichen stehen freie Formen, dort wo sie sinnvoll scheinen, gegenüber. Insgesamt gesehen eine Arbeit von hoher funktionaler, gestalterischer und räumlicher Qualität, die eine charakteristische Anlage verspricht und der besonderen Situation in hohem Maße gerecht wird.

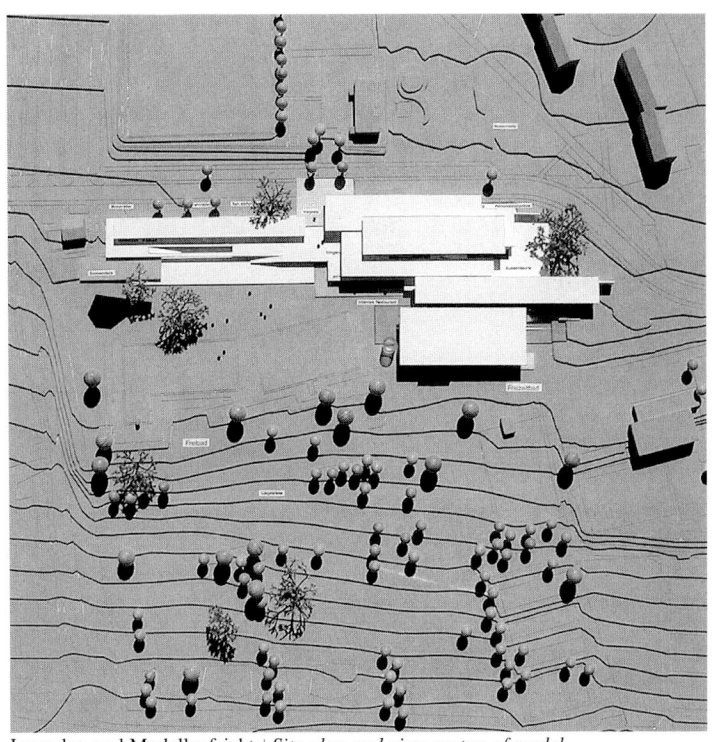

Lageplan und Modellaufsicht | *Site plan and view on top of model*

To replace the existing indoor swimming pool, a new pool with leisure facilities was to be built next to the existing open-air pool Kallebad. The site of some 4.5 hectares is situated on gently southward sloping terrain. High expectations regarding leisure pursuits have brought about a change in the whole culture of bathing and swimming. Today most visitors expect swimming pools and similar venues to focus on leisure, and that should be reflected in appealing architectural design and the availability of other leisure activities, all of them to do with water. Here, consistent organisation and the creative use of open spaces as well as diverse levels have resulted in an impressive complex that has its own charm and reflects the quality of its design. That is evident from the overall organisation of the complex, the way the various levels have been structured, the use of light and the transitional links provided to the surrounding area.

COMPETITION FIRST AWARD

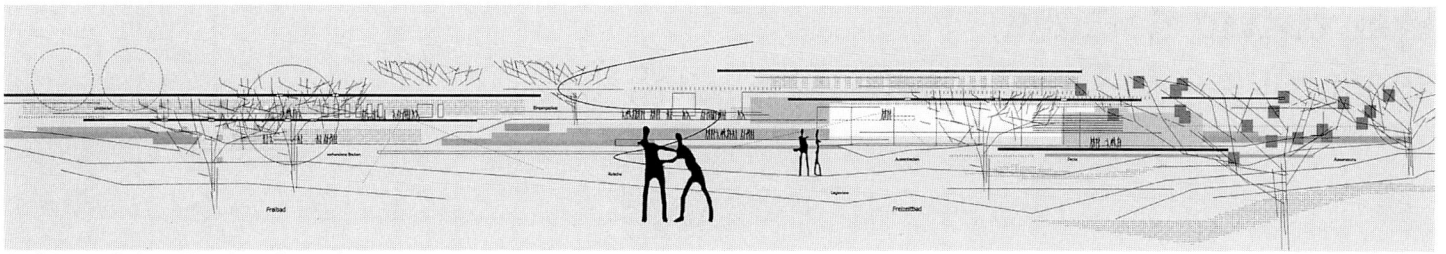

Ansicht von Süden | *View from the south*

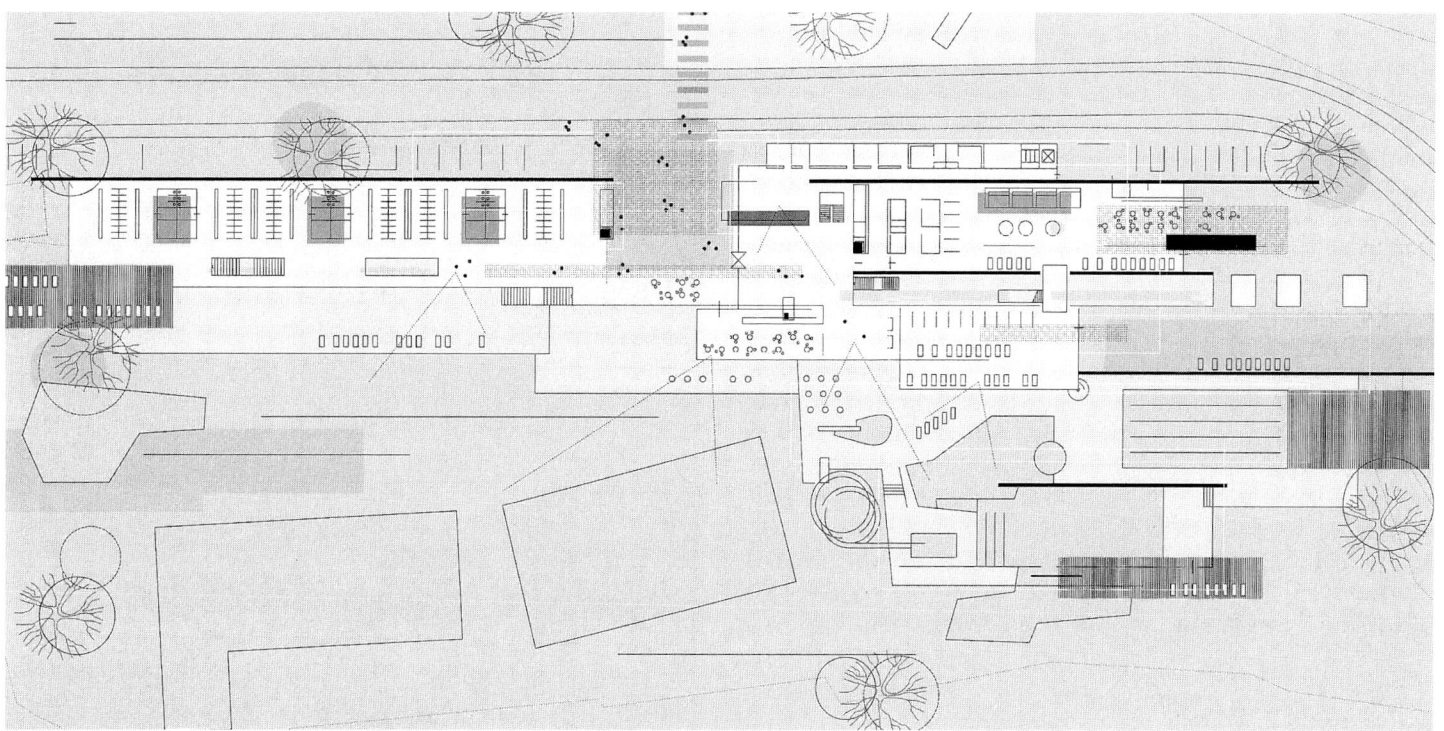

Grundriss Eingangsebene | *Floor plan entrance level*

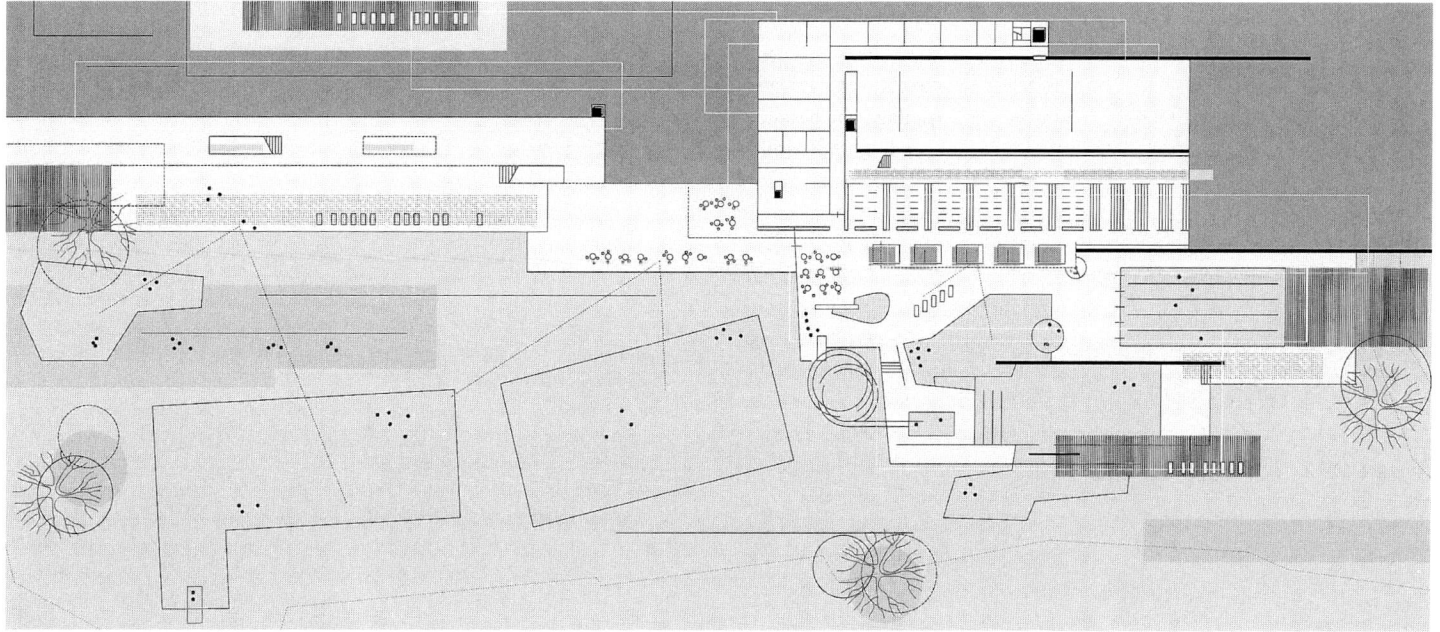

Badeebene | *Pool level*

WETTBEWERB 1. PREIS

Sportzentrum Fürth
Sports centre Fürth

Wettbewerbsart
Einstufiger, begrenzt offener Realisierungswettbewerb für 30 Teilnehmer mit Auswahlverfahren durch Los und acht Zuladungen

Auslober
Stadt Fürth

Preisgerichtssitzung
13./14. September 2001

1. Preis
fab Architekten, Erfurt
Mitarbeit: Lars Büki, Astrid Koschnick

2. Preis
Johannes Drexel, Nürnberg

3. Preis
Peter Dürschinger, Fürth
Mitarbeit: Matthias Bettmann

4. Preis
Erich Ebert, Hünfeld
Mitarbeit: Gudrun Wilkening

Fachpreisrichter/innen
Herr Kauffmann, Stuttgart (Vors.)
Frau Reiner, München
Herr Krauss, Nürnberg
Herr Krauße, Fürth
Herr Manz, Würzburg
Herr Hilscher, Ansbach
Herr Goldstein, München
Herr Tautorat, Fürth

Aus der Wettbewerbsaufgabe
Die Stadt Fürth plant den Neubau einer Dreifachturnhalle mit Zuschauertribüne, Nebengebäuden und Parkierungsanlage. Weiter soll die Bezirkssportanlage durch Nebenräume und eine überdachte Stehtribüne, ein Sportvereinsheim, eine Hausmeisterwohnung und eine Parkierungsanlage für circa 300 Pkw ergänzt werden. Das geplante Sportzentrum soll die Bedürfnisse eines Sportbetriebes moderner Prägung berücksichtigen. Der Auslober erwartet aufgrund der Nutzungsverwandschaft der Bestandteile Synergieeffekte für die einzelnen Funktionen. Die Gesamtheit der baulichen Anlage soll sowohl der Baustruktur der Umgebung, als auch der exponierten Ortsrandlage mit Anbindung an den Grünzug Rechnung tragen.

Aus der Preisgerichtsbeurteilung
Der Baukörper der Sportanlage orientiert sich in seiner Ausrichtung an der bestehenden Bezirkssportanlage. Durch die Anordnung aller Funktionsbereiche unter einer einfachen, langgestreckten Großform entsteht im Zugangsbereich ein angenehm proportionierter und übersichtlicher Vorraum. Unter einem leicht geschwungenen Schalendach aus einer textilen Membran organisiert der Verfasser das gesamte Raumprogramm, wenn auch das direkte Nebeneinander von hochwertigen zu untergeordneten Nutzungen nicht vollauf überzeugen kann. So angenehm sich die ruhige Großform auch darstellt, erschwert sie doch eine Realisierung in Teilabschnitten. Dennoch stellt die Arbeit eine überzeugende Lösung der schwierigen Aufgabe dar.

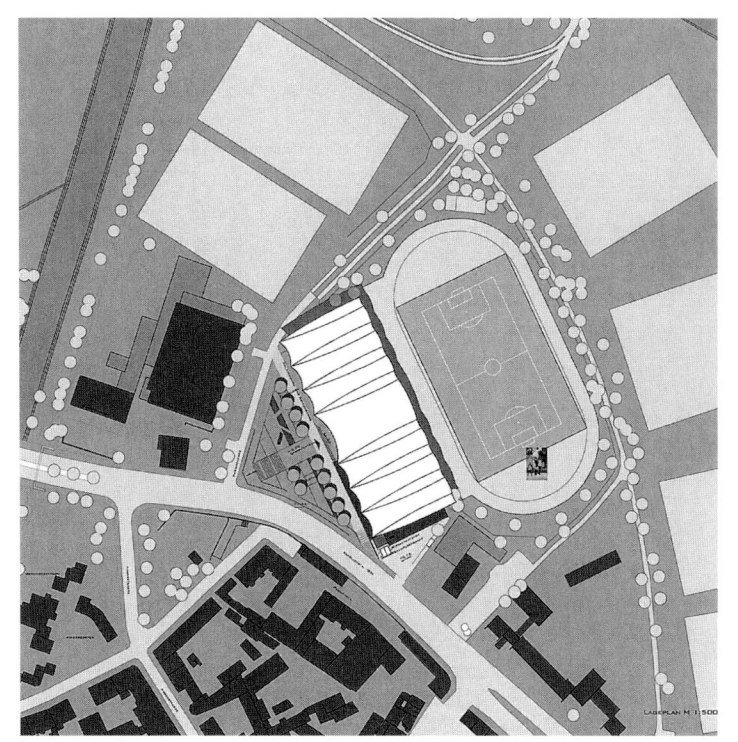

Lageplan | *Site plan*

The plan by the city of Fürth is for a triple gymnasium with spectators' stands, facility rooms and car parking facilities. The project is to recognise the existing building stock in the surrounding area as well as its location on the outskirts of the city adjoining the green belt. The complex also has to provide facility rooms for the neighbouring regional sports centre and a caretaker's flat. Since the various facilities will be used in similar ways it is also expected that each may benefit from synergistic advantages as a result. Assembling all activities under one roof in one large elongated complex has resulted in the creation of a well proportioned and clearly structured anteroom. But however appealing this large-scale building may appear, it does make realisation difficult in some parts. Nevertheless, the design offers a convincing solution overall.

COMPETITION FIRST AWARD

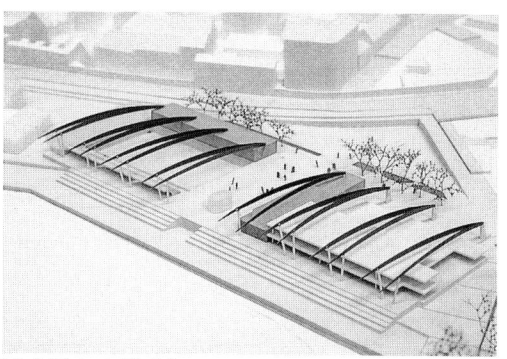

Modellfotos | *Models*

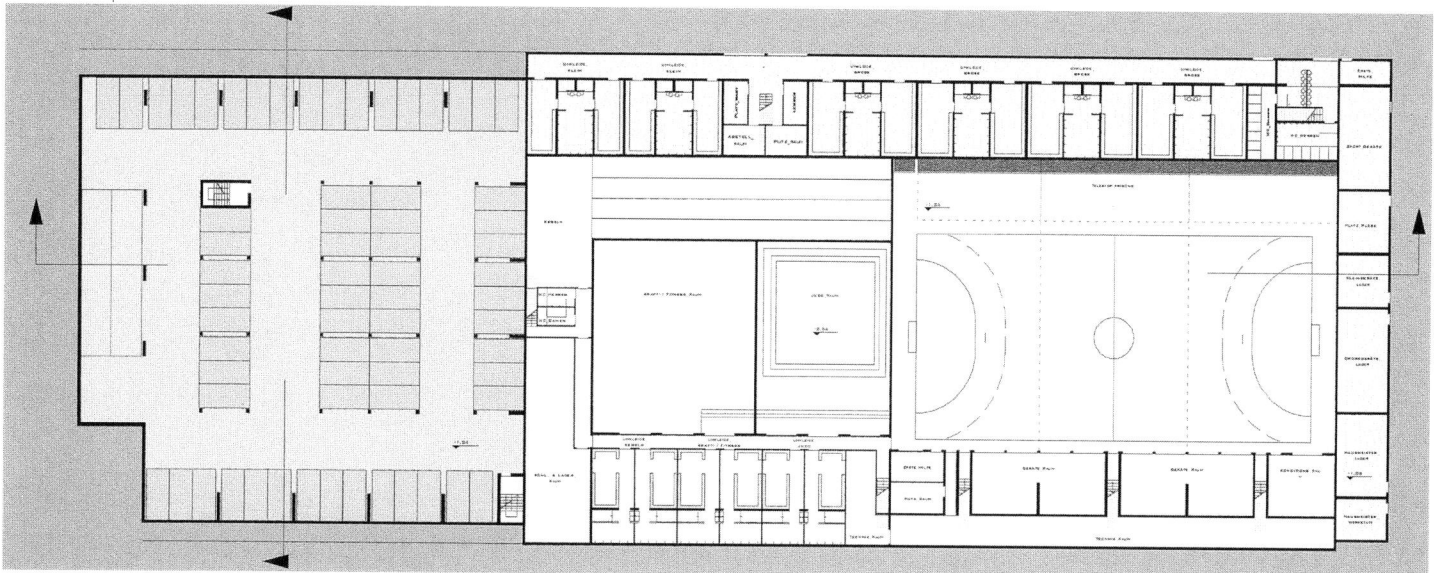

Grundriss Ebene -1 | *Floor plan level -1*

Ansicht vom Sportplatz | *View from sport grounds*

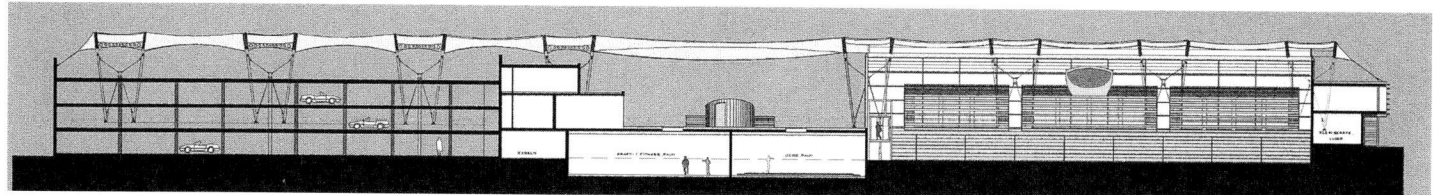

Längsschnitt | *Longitudinal section*

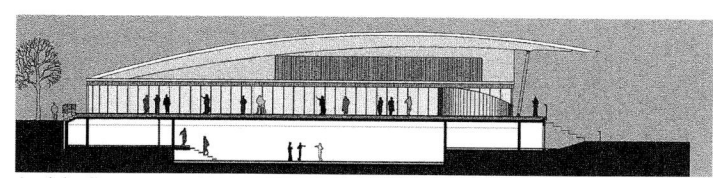

Ansicht Gaststätte und Schnitt Piazza | *Elevation restaurant and section Piazza*

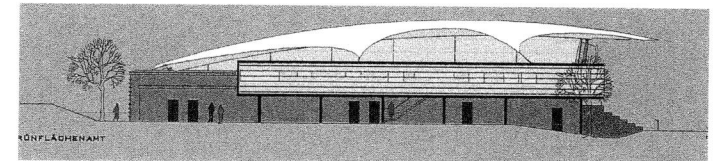

Ansicht Grünflächenamt | *View of municipal offices for parks and public grounds*

WETTBEWERB 1. PREIS

Sporthalle Hausburgviertel in Berlin-Prenzlauer Berg
Sports hall »Hausburgviertel« in Berlin-Prenzlauer Berg

Wettbewerbsart
Begrenzt offener, einstufiger Realisierungswettbewerb mit vorgeschaltetem Bewerbungsverfahren zur Auslosung von 18 Teilnehmern zuzüglich sieben Zuladungen

Auslober
Stadtentwicklungsgesellschaft Eldenaer Straße mbh im Auftrag des Landes Berlin

Preisgerichtssitzung
11. Januar 2001

Beteiligung
24 Arbeiten

1. Preis
Rebecca Chestnutt,
Robert Niess, Berlin
Mitarbeit: Johannes Schulze Icking, Heike Classen-Warns, Rimas Rudys, Nick Woods

2. Preis
Scheidt Architekten, Berlin
Hermann Scheidt
Mitarbeit: Dirk Weichselsdorfer, Heide Schäfer

3. Preis
Thomas von Thaden, Berlin
Mitarbeit: Tim Schierwater, Theo Härtl, Kaspar Storch

4. Preis
Mirjam Blase, Osmann Kapici, Berlin

Fachpreisrichter/innen
Klaus Trojan, Darmstadt/ Hannover (Vors.)
Carmen Geske, Berlin
Birgitt Kalthöner, Berlin

Aus der Wettbewerbsaufgabe
Noch in der Innenstadt von Berlin, im Schnittpunkt der Bezirke Prenzlauer Berg, Lichtenberg und Friedrichshain liegt das Gelände der 50 Hektar großen Enwicklungsmaßnahme »Alter Schlachthof« Berlin. Verbliebene Fragmente sollen nun durch neue Inhalte und Funktionen helfen, den Ort zu gestalten und zu rekonstruieren. Geplant ist im Teilgebiet »Hausburgviertel« eine Doppelsporthalle, die in die vorhandenen, denkmalgeschützten Giebel eines alten Rinderstalles integriert werden soll. Bei dem Sporthallentyp handelt es sich um eine Zweifachhalle, das heißt die Halle soll mittels eines doppelschaligen Trennvorhangs in jeweils zwei Einheiten à 22 x 22 Meter unterteilt werden können. Jedes Hallenteil muss separat zugänglich sein.

Aus der Preisgerichtsbeurteilung
Der Verfasser greift die bestehenden linearen Strukturen des baulichen Bestandes auf und verbindet denkmalgeschützte Substanz mit einer eigenen, ausdrucksstarken, aber gleichwohl zurückhaltenden Architektur, die eine positive Spannung zum baulich-räumlichen Umfeld aufbaut. Die Formensprache der Architektur äußert sich in einer kraftvollen und klaren Kubatur zwischen den denkmalgeschützten Giebeln. Die Materialwahl, Stahl, Glas und Holz, entwickelt eine sinnliche Ästhetik, die das moderne Bauwerk deutlich in der Umgebung artikuliert. Eine Realisierung dieses architektonisch gelungenen und technisch unprätentiösen Entwurfs scheint ohne nachhaltige Überarbeitung möglich zu sein.

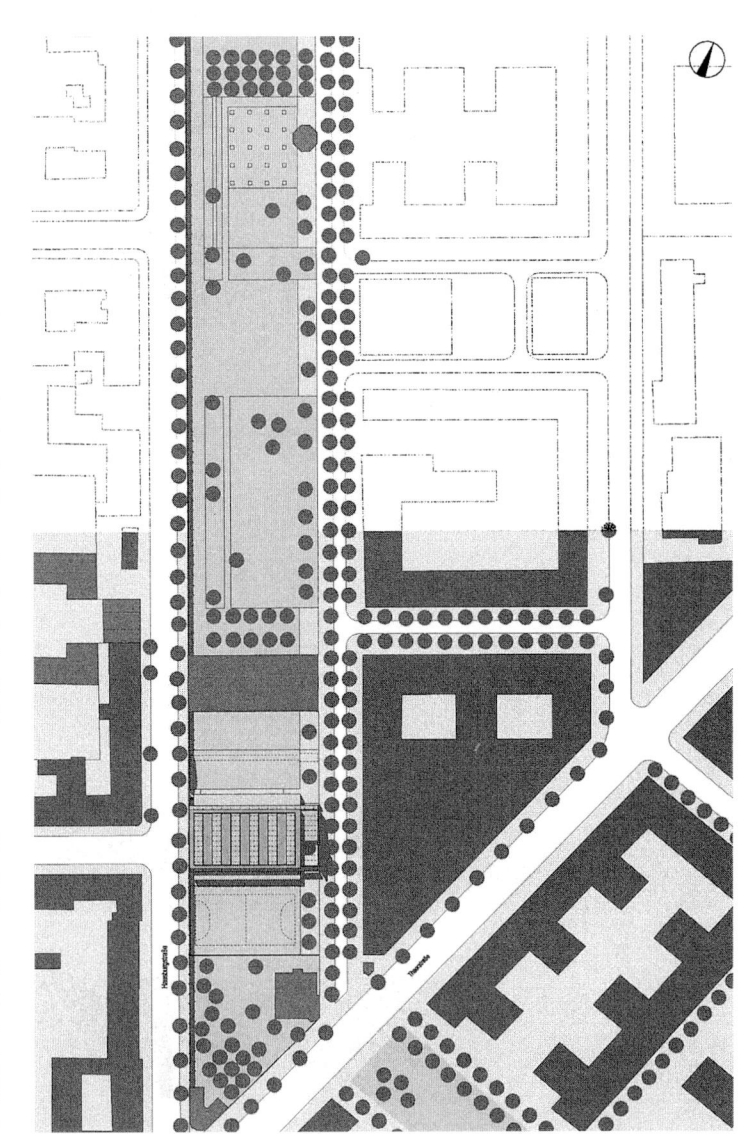

Lageplan | Site plan

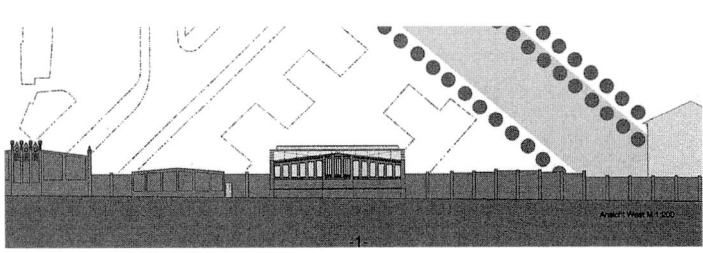

Ansicht von Westen | West elevation

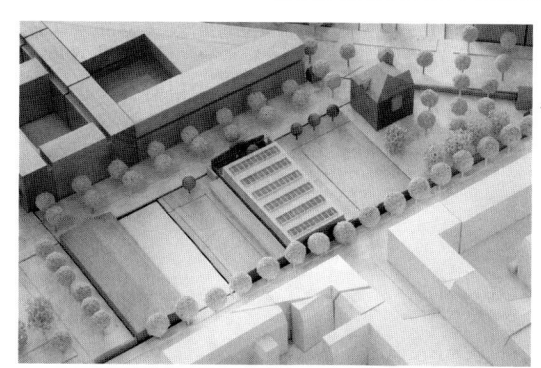

COMPETITION FIRST AWARD

Modellfotos | *Models*

An area of some 50 hectares called »Alter Schacht« in central Berlin, at the intersection of the districts Prenzlauer Berg, Lichtenberg and Friedrichshain, has been designated for regeneration. Here the remaining building stock is to be filled with new life by a programme of reconstruction and by changing its use and functions. One part of this area is the »Hausburgviertel«, where the plan is to built a double sports hall behind the listed façades of what used to be stables for cattle. The hall can be split into two units of 22 x 22 metres by a two-layered curtain. The author takes up the theme of linear structures in existing building stock and, by combining the protected features with his own expressive, yet also reserved architecture establishes an exciting intercourse between old and new structures. What is convincing technically and constructionally are the additions and their logical organisation alongside the sports hall and the open-air grounds. Realising this successful and technically unpretentious design should be possible without extensive amendments.

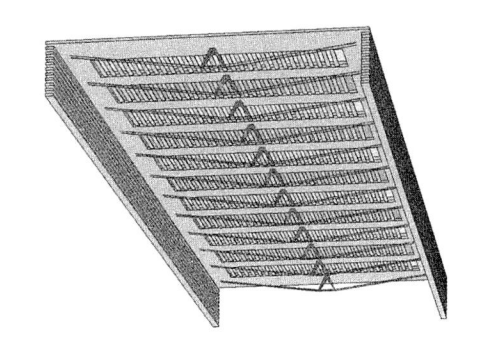

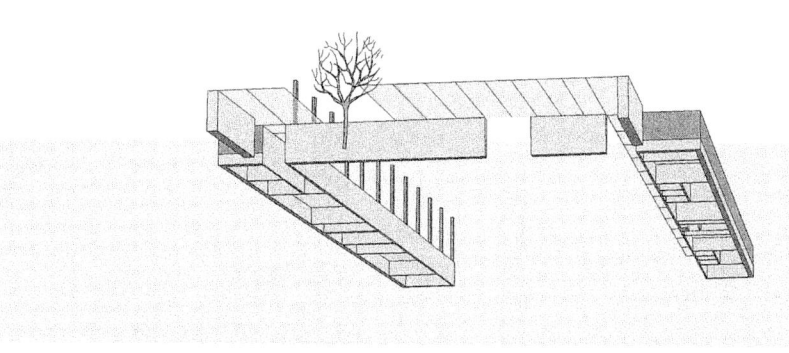

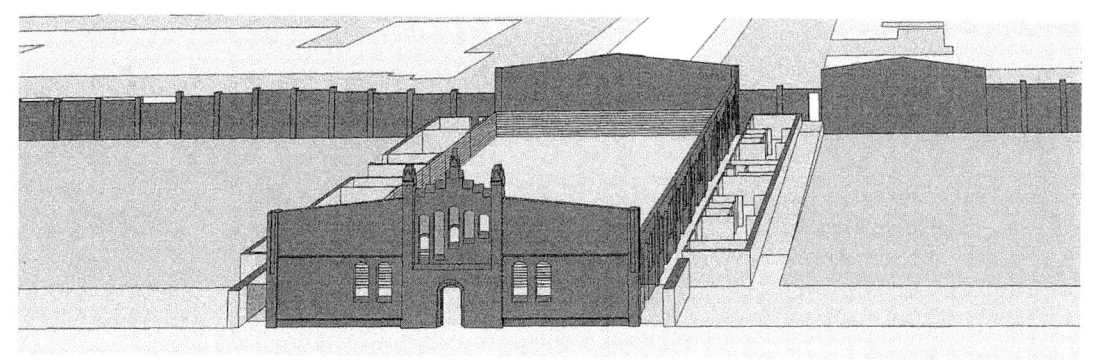

Konstruktionselemente | *Construction elements*

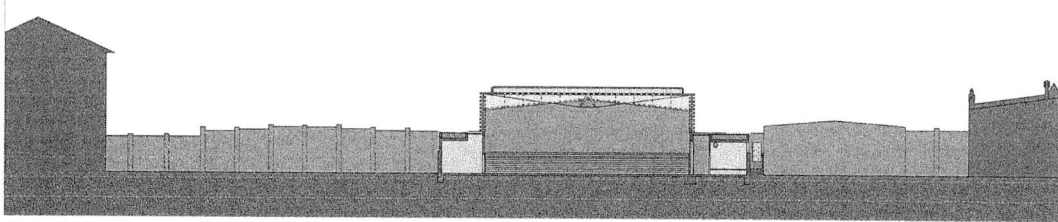

Querschnitt | *Cross section*

PORTRÄT

Wilfried Hackenbroich, Berlin

Biografie
1965 geboren in Köln
1986 – 1991 Diplom-Ingenieur, Architekturschule Köln
1991 – 1993 Master of Architecture, SCI-ARC, Los Angeles, USA Fulbright Stipendium
1992 Morphosis Architects, Los Angeles, USA
1993 – 95 Berufspraxis, Berlin
1995 – 97 Office for Metropolitan Architecture (O.M.A.), Rotterdam, NL, Städtebau und Architektur
1998 – 2000 Unterricht an der Hochschule der Kunst Berlin
2000 Unterricht am Bauhaus Dessau, postgradualer und interdisziplinärer Studiengang
1997 Bürostart in Berlin

Wettbewerbe und Projekte
2001 Medialisierung Style House, etekt.com
2000 ETH World Wettbewerb, Zürich
2000 Realisierung House 01, Köln
2000 Fabrik, Oranienburg
2000 Konzerthalle Sarajevo, Jugoslawien
2000 Realisierung Ausstellungsarchitektur, In Touch, Berlin
2000 Studie Schlossplatz Berlin
1998 Realisierungswettbewerb IUAV Architekturschule, Venedig
1998 Realisierungswettbewerb East River, New York, USA (Lobende Erwähnung)
1998 Realisierungswettbewerb Hessische Landesvertretung Berlin (2. Phase)
1997 Realisierungswettbewerb Musiktheater Graz, Österreich; Shinkenchiku, Tokyo, Japan (2. Platz)
1995 Realisierungswettbewerb Cardiff Bay Opera House, Wales, UK
1995 Realisierungswettbewerb Nationales Geschichtsmuseum Seoul, Korea

Publikationen
- Wallpaper, Juli/August 2001
- Archis, 4-2001
- ETH World, 2001-10-18
- Raumstationen, 2001
- In Touch, 2000
- Daidalos 72, 1999
- Trans Style ETH Zürich, 1999
- Jahreskatalog HdK Berlin, 1998 – 2000
- JA (Japanese Architecture), 1997

Lehrtätigkeit
Hochschule der Künste Berlin
Entwurfsstudios: »Interspace« 1 + 2, »Global Identity«, »Architecture as Product«
Stiftung Bauhaus Dessau
Entwurfsstudios: Event City, Serve City

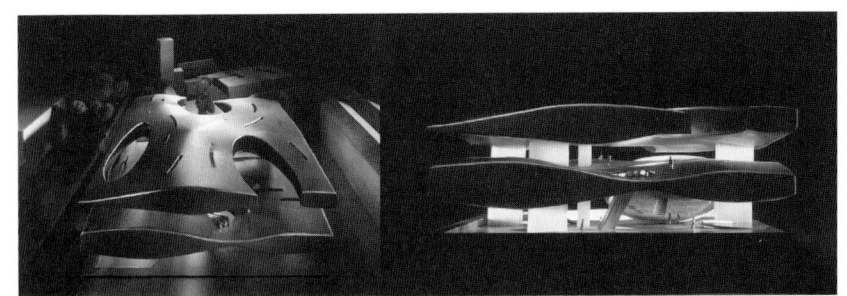

Realisierungswettbewerb IUAV Architekturschule Venedig

House 01, Köln

Realisierungswettbewerb Nationales Geschichtsmuseum Seoul, Korea

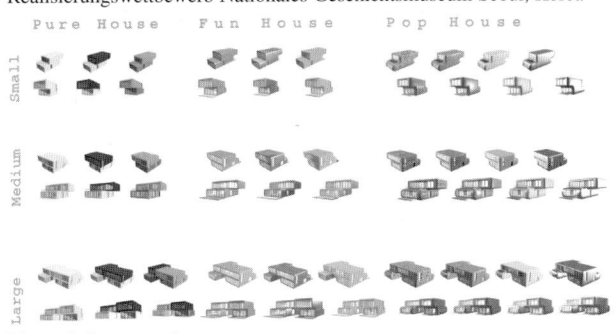

The style house, etekt.com